Inhalt

W0238201

Oracle SQL*Plus kurz & gut

Einführung

*Oracle SQL*Plus – kurz & gut* ist eine Schnellreferenz zu SQL*Plus und oft eingesetzten SQL-Anweisungen. Das Buch soll Ihnen eine Hilfe sein, wenn Sie Informationen zur Syntax eines bestimmten Sprachelements einschließlich der Elemente in Oracle Database 10g benötigen. Es ist kein in sich abgeschlossenes Handbuch – Grundkenntnisse von SQL*Plus und SQL werden vorausgesetzt. Weitere ausführliche Informationen und Anleitungen finden Sie in meinem Buch *Oracle SQL*Plus: The Definitive Guide* (O'Reilly). *Mastering Oracle SQL* von Sanjay Mishra und Alan Beaulieu (O'Reilly) ist eine gute Quelle, wenn Sie fortgeschrittene Hilfe zu SQL benötigen. Mein eigenes Buch *SQL – kurz & gut* (O'Reilly Verlag) ist, wie ich hoffe, eine gute Hilfe für alle, die mit SQL auf unterschiedlichen Plattformen arbeiten.

Die SQL-Abschnitte in diesem Buch behandeln die folgenden Themen:

- Daten auswählen
- Daten modellieren
- Daten einfügen
- Daten aktualisieren
- Daten löschen
- Daten zusammenführen (Oracle9*i* und höher)
- Transaktionsverwaltung

Der Rest des Buchs ist SQL*Plus gewidmet.

Danksagung

Deborah Russell, Darl Kuhn, Ken Jacobs, John Haydu und Alison Holloway trugen zum Gelingen dieses Buchs bei. Für ihre Hilfe und Unterstützung möchte ich mich an dieser Stelle bedanken.

Konventionen

GROSSBUCHSTABEN
: zeigen Schlüsselwörter von SQL*Plus, SQL oder PL/SQL an.

kleinbuchstaben
: zeigen in Listings benutzerdefinierte Elemente wie z.B. einen Tabellennamen an.

kursiv
: kennzeichnet Dateinamen, URLs, Benutzernamen, Passwörter, Menüelemente, Hervorhebungen und neu eingeführte Begriffe.

`Nichtproportionalschrift`
: kennzeichnet Programmcode-Beispiele.

`Nichtproportionalschrift kursiv`
: kennzeichnet Syntaxelemente, die Sie in einem SQL*Plus-Befehl oder einer SQL-Anweisung einfügen müssen.

`Nichtproportionalschrift fett`
: kennzeichnet Benutzereingaben in Beispielen, die eine Interaktion darstellen, und wird außerdem in Codebeispielen zur Hevorhebung verwendet.

[ ] wird in Syntaxbeschreibungen für optionale Elemente verwendet.

{ } wird in Syntaxbeschreibungen für eine obligatorische Auswahl verwendet.

| wird in Syntaxbeschreibungen verwendet, um Auswahlmöglichkeiten und optionale Elemente abzugrenzen.

__ wird in Syntaxbeschreibungen verwendet, um anzuzeigen, dass die unterstrichene Option der Standard ist.

SQL*Plus auf der Kommandozeile

Dieser Abschnitt behandelt Informationen, die grundlegend sind, um mit SQL*Plus über die Kommandozeile zu interagieren. Hier lernen Sie, wie man SQL*Plus startet, Befehle absetzt, Strings definiert und Variablen benennt.

Starten von SQL*Plus

Der Aufruf von SQL*Plus erfolgt durch den Befehl *sqlplus* von der Kommandozeilen-Ebene im Betriebssystem. Unter Microsoft Windows-Systemen verwendet man dazu entweder *sqlplus* oder *sqlplusw,* je nachdem, ob man SQL*Plus in einem Kommandozeilen-Fenster oder in einem eigenen Fenster starten möchte. Weiterhin ist ein Aufruf über das entsprechende Icon im Start-Menü möglich. (Frühe Versionen von SQL*Plus unter Windows verwendeten Ausführungsnamen wie *PLUS33* und *PLUS80W*.)

ACHTUNG

Bei der Eingabe eines Passworts als Kommandozeilen-Argument sollte man besondere Vorsicht walten lassen. Solche Passwörter sind dann für andere Benutzer unter Linux- und Unix-Systemen sichtbar.

Syntax für den sqlplus-Befehl

Die Syntax für den Aufruf von SQL*Plus sieht wie folgt aus:

```
sqlplus [Optionen] [Logon] [Start]

Optionen ::= Option [Option ...]

Option ::= {-H[ELP]
           |-V[ERSION]
           |-C[OMPATIBILITY] x.y[.z]
           |-L[OGON]
           |-M[ARKUP] Markup
           |-R[ESTRICT] {1 | 2 | 3}
           |-S[ILENT]}
```

```
Markup ::= HTML [ON | OFF]
          [HEAD Text] [BODY Text] [TABLE Text]
          [ENTMAP {ON | OFF}] [PREFORMAT {ON | OFF}]

Logon ::= {Typisch | OS-Authentifizierung
         |Administrativ | /NOLOG}

Typisch ::= Benutzername[/Passwort][@]

OS-Authentifizierung ::= /

Administrativ ::= {Typisch | OS-Authentifizierung}
                 AS {SYSDBA | SYSOPER}

Start ::= @{URL |Dateipfad} [Parameter [Parameter ...]]
```

Die Parameter -RESTRICT und -MARKUP wurden in Oracle8*i* eingeführt, -HELP und -VERSION in Oracle9*i*. Hier die Erläuterung der Parameter:

-H[ELP]
: Die Syntax für den Befehl *sqlplus* anzeigen und dann beenden.

-V[ERSION]
: Die aktuelle Versionsnummer von SQL*Plus und verwandte Informationen anzeigen und dann beenden.

-C[OMPATIBILITY]*x.y*[.*z*]
: Gibt eine frühere Kombination von Version (*x*), Release (*y*) und optionalem Update (*z*) von SQL*Plus an, zu der die Ausführung kompatibel sein soll.

-L[OGON]
: Unterdrückt die erneute Aufforderung zur Eingabe eines Benutzernamens und eines Passworts, wenn die anfänglich angegebenen Login-Berechtigungen gültig sind. Verwenden Sie diese Option, wenn Sie SQL*Plus beispielsweise aus einem *cron*-Job heraus aufrufen und die erneute Eingabeaufforderung keinen Sinn macht, weil kein interaktiver Benutzer anwesend ist, der die Aufforderung sehen und auf sie reagieren könnte.

-M[ARKUP] *Markup*
: Steuert, ob die SQL*Plus-Ausgabe in einfachem Text oder in HTML ist. Wenn sie in HTML ist, können verschiedene weitere Optionen angegeben werden.

-R[ESTRICT] {1 | 2 | 3}
: Deaktiviert Befehle, die mit dem Betriebssystem interagieren. Sie können eine von drei Beschränkungsstufen auswählen:

1 Deaktiviert die Befehle EDIT und HOST.

2 Deaktiviert EDIT, HOST, SAVE, SPOOL und STORE.

3 Deaktiviert EDIT, GET, HOST, SAVE, SPOOL, START, @, @@ und STORE.

Außerdem verhindert Stufe 3 die Ausführung des Benutzerprofil-Skripts in *login.sql*.

-S[ILENT]
: Sagt SQL*Plus, dass es im stummen Modus laufen soll. Es werden keine Startmeldungen wie die Copyright-Informationen angezeigt. Es wird keine Eingabeaufforderung gestartet, und die ausgeführten Befehle werden auf dem Bildschirm nicht wiedergegeben. Diese Option ist nützlich, wenn Sie SQL*Plus aus einem anderen Programm aufrufen und dies transparent erfolgen soll. In der Regel verwenden Sie diese Option gemeinsam mit dem Aufruf einer Skriptdatei.

HTML [ON | OFF]
: Aktiviert oder deaktiviert die HTML-Ausgabe. Der Default ist HTML OFF.

[HEAD *Text*]
: Gibt den Inhalt für das HEAD-Element an und wird als `<HEAD>` *Text*`</HEAD>` ausgegeben.

[BODY *Text*]
: Gibt Attribute für das BODY-Element an und wird als `<BODY` *Text*`>` ausgegeben.

[TABLE *Text*]

Gibt Attribute für das TABLE-Element an, das verwendet wird, um die Ausgabe einer Abfrage aufzunehmen. Wird als `<TABLE` *Text*`>` ausgegeben. Tabellen, die verwendet werden, um Seitenköpfe und -fußzeilen aufzunehmen, werden von diesem Parameter nicht beeinflusst.

[ENTMAP {ON | OFF}]

Gibt an, ob SQL*Plus Sonderzeichen wie »<« und »>« durch die entsprechenden HTML-Entities (d.h. "`<`" und »`>`«) ersetzt. Der Default ist ENTMAP ON.

[PREFORMAT {ON | OFF}]

Ist nur relevant, wenn die HTML-Ausgabe aktiviert ist, und gibt an, ob SQL*Plus die Ausgabe als HTML-Tabelle oder als vorformatierten Textblock (mit `<pre>...</pre>`) schreibt. Der Default ist PREFORMAT OFF.

/NOLOG

Startet SQL*Plus ohne eine Datenbankverbindung.

Typisch ::= *Benutzername*[/*Passwort*][@*Netzdienstname*]

Authentifiziert den Benutzer anhand des angegebenen Benutzernamens, Passworts und Netzdienstnamens. Netzdienstnamen werden oft, aber nicht immer, in einer Datei namens *tnsnames.ora* definiert.

Administrativ ::= { *Typisch* | *`OS-Authentifizierung`*}
AS {SYSDBA | SYSOPER}

Authentifiziert den Benutzer entweder als ein Datenbankadministrator (SYSDBA) oder als Operator (SYSOPER).

@{*URL* | *Dateipfad*}

Ruft ein SQL*Plus-Skript über eine URL oder einen Pfad mit Dateinamen auf. URLs können *http://*- oder *ftp://*-URLs sein. Dateinamen können Pfade und Erweiterungen enthalten. Die Default-Dateinamenserweiterung ist *.sql*.

[*Parameter* [*Parameter* ...]]

Gibt einen oder mehrere Parameter an, die einem Skript übergeben werden sollen, das sie aufrufen.

Eingabe von Befehlen

Die Eingabe von Befehlen in SQL*Plus hängt davon ab, ob die Eingabe direkt in SQL*Plus, durch eine SQL-Anweisung oder einen PL/SQL-Block erfolgt.

Eingabe von SQL*Plus-Befehlen

Befehle wie etwa DESCRIBE, COLUMN, TTITLE, SET und alle übrigen, die später im Abschnitt »SQL*Plus-Befehlsreferenz« aufgelistet werden, sind Anweisungen an SQL*Plus. Diese Befehle müssen in einer Zeile eingegeben werden und werden sofort nach der Eingabe ausgeführt, zum Beispiel:

```
SET ECHO ON
DESCRIBE employee
```

SQL*Plus-Befehle können optional durch ein Semikolon abgeschlossen werden, beispielsweise:

```
PROMPT Dieses Semikolon wird nicht ausgegeben.;
CONNECT system/manager;
```

Das Verhalten von SQL*Plus gegenüber Semikola können Sie steuern, indem Sie die Einstellung von SQLTERMINATOR ändern.

Lange SQL*Plus-Befehle können über mehrere Zeilen hinweg eingegeben werden. Das Fortsetzungszeichen in SQL*Plus ist der Bindestrich (-). Dieser muss an das Ende einer Zeile gesetzt werden, um einen langen SQL*Plus-Befehl in der neuen Zeile fortzusetzen. Die folgenden drei Zeilen werden zum Beispiel in SQL*Plus als eine Zeile erkannt:

```
COLUMN employee_id -
FORMAT 099999 -
HEADING 'Emp ID'
```

Das Leerzeichen zu Beginn des Fortsetzungszeichens ist optional. Strings in Anführungszeichen können ebenfalls fortgesetzt werden, zum Beispiel:

```
SELECT 'Hallo-
Welt!' FROM dual;
```

Wenn ein String in Anführungszeichen fortgesetzt wird, werden alle Leerzeichen vor dem Fortsetzungszeichen in den String aufgenommen. Der Zeilenumbruch zählt ebenfalls als ein Leerzeichen.

Eingabe von SQL-Anweisungen

SQL-Anweisungen können mehrere Zeilen umfassen und müssen immer abgeschlossen sein. Dies erfolgt entweder über ein Semikolon (`;`) oder einen Slash (`/`).

Zum Beispiel:

```
SELECT user
FROM dual;

SELECT user
FROM dual
/
```

In beiden Fällen wird die SQL-Anweisung in den so genannten *SQL-Puffer* eingegeben und ausgeführt. Eine SQL-Anweisung kann auch mittels einer Leerzeile oder eines Punkts abgeschlossen werden. Die Anweisung wird dann im Puffer gespeichert und nicht ausgeführt, zum Beispiel:

```
SQL> SELECT user
  2  FROM dual
  3
SQL> SELECT user
  2  FROM dual
  3  .
```

Mit Hilfe des Befehls SET SQLTERMINATOR kann das Zeilenende-Zeichen von einem Semikolon in ein anderes Zeichen geändert werden. Der Befehl SET SQLBLANKLINES ON erlaubt Leerzeilen innerhalb einer SQL-Anweisung. Um die Anweisung auszuführen, die im Augenblick im Puffer ist, gibt man einen Slash in einer separaten Zeile ein.

Eingabe von PL/SQL-Blöcken

PL/SQL-Blöcke können mehrere Zeilen umfassen und Leerzeilen enthalten. Diese müssen entweder durch einen Slash oder durch einen Punkt (.) abgeschlossen werden, die jeweils auf einer eigenen Zeile stehen, zum Beispiel:

```
BEGIN
   DBMS_OUTPUT.PUT_LINE('Hallo Welt!');
END;
/

BEGIN
   DBMS_OUTPUT.PUT_LINE('Hallo Welt!');
END;
.
```

Wird ein Slash angegeben, wird der Block zum Server gesandt und sofort ausgeführt. Beim Eingeben eines Punkts erfolgt nur eine Speicherung im SQL-Puffer. Um das Blockende-Zeichen von einem Punkt in ein anderes Zeichen zu ändern, wird der Befehl SET BLOCKTERMINATOR verwendet.

Strings in SQL*Plus-Befehlen

Viele SQL*Plus-spezifische Befehle verlangen String-Werte als Parameter. Einfache Strings ohne Leerzeichen oder Punktzeichen können ohne Anführungszeichen eingegeben werden. Hier ein Beispiel:

```
COLUMN employee_id HEADING emp_id
```

Allgemein ist es sicherer, Strings in Anführungszeichen einzuschließen. Dabei können sowohl einfache als auch doppelte Anführungszeichen verwendet werden. Ein Beispiel:

```
COLUMN employee_id HEADING  'Emp #'
COLUMN employee_id HEADING  "Emp #"
```

Um in einem String Anführungszeichen zu verwenden, verdoppelt man diese, oder man verwendet doppelte Anführungszeichen. Die folgenden beiden Anweisungen liefern identische Ergebnisse:

```
COLUMN employee_id HEADING  '''Emp #'''
COLUMN employee_id HEADING  "'Emp #'"
```

Die einzige Ausnahme zu dieser Regel stellt der Befehl PROMPT dar. Alle Anführungszeichen im PROMPT-Befehl werden in der Ausgabe angezeigt.

Angabe von Dateinamen

Verschiedene SQL*Plus-Befehle erlauben die Angabe eines Dateinamens. In allen Fällen kann beim Namen ein Pfad und/oder eine Namenserweiterung angegeben werden, zum Beispiel:

```
SPOOL mein_report
SPOOL c:\temp\mein_report
SPOOL create_synonyms.sql
```

Die meisten dateibezogenen Befehle nehmen eine Standard-Namenserweiterung, falls keine angegeben wurde. Je nach Befehl variiert dieser Standardwert.

Bezeichnung von Variablen

SQL*Plus erlaubt die Deklaration zweier Typen von Variablen: Benutzervariablen und Bind-Variablen. Die Namensregeln sind für jeden Typ unterschiedlich.

Die Namen von Benutzervariablen können Buchstaben, Ziffern und Unterstriche (_) in beliebiger Reihenfolge enthalten. Groß-/Kleinschreibung wird nicht unterschieden, und die Länge ist auf 30 Zeichen beschränkt.

Die Namen von Bind-Variablen müssen mit einem Buchstaben beginnen; danach sind Buchstaben, Ziffern, Unterstriche, Dollarzeichen ($) und numerische Zeichen (#) erlaubt. Auch bei ihnen wird nicht zwischen Groß-/Kleinschreibung unterschieden. Ihre Länge ist ebenfalls auf 30 Zeichen begrenzt.

Browserbasiertes SQL*Plus

2001 hat Oracle *i*SQL*Plus herausgegeben, eine browserbasierte Version von SQL*Plus, die in einer Drei-Schichten-Konfiguration läuft. Sie greifen auf *i*SQL*Plus über einen Webbrowser zu, der auf Ihrem PC läuft. Seit Oracle Database 10g läuft *i*SQL*Plus als J2EE Application Server. Es wird standardmäßig mit der Datenbank installiert und läuft auf dem Datenbank-Server.

*i*SQL*Plus ist mit dem Kommandozeilen-Client SQL*Plus so kompatibel wie möglich, aber es gibt ein paar Unterschiede. Der offensichtlichste ist, dass ein anderes Bearbeitungsschema verwendet wird. Befehle werden mit Hilfe eines Textfelds in Ihrem Browser-Fenster eingegeben und bearbeitet. In diesem Kontext sind Befehle zur Zeilenbearbeitung, wie CHANGE und APPEND, nicht sinnvoll. Deswegen werden sie in *i*SQL*Plus nicht unterstützt. Im Abschnitt »SQL*Plus-Befehlsreferenz« wird gezeigt, welche Befehle in *i*SQL*Plus nicht anwendbar sind.

Ein weiterer Unterschied zwischen *i*SQL*Plus und dem Kommandozeilen-Client SQL*Plus betrifft den Zugriff auf Betriebssystemdateien. Befehle wie GET und SPOOL sind in *i*SQL*Plus deaktiviert. Die allgemeine Regel ist, dass Ihnen keinerlei Zugriff auf Betriebssystemdateien gestattet ist.

iSQL*Plus starten und beenden

Bevor Sie *i*SQL*Plus benutzen können, müssen Sie den Application Server starten, und zwar, indem Sie zunächst als Besitzer der Oracle-Software eine Verbindung zum Datenbank-Server herstellen und dann den Befehl *isqlplusctl start* eingeben:

```
oracle@gennick02:~> isqlplusctl start
iSQL*Plus 10.1.0.2.0
Copyright (c) 2004 Oracle.  All rights reserved.
Starting iSQL*Plus ...
iSQL*Plus started.
```

Clients können sich jetzt über den Browser mit *i*SQL*Plus verbinden.

Verwenden Sie *isqlplusctl stop*, um den *i*SQL*Plus Application Server herunterzufahren.

Mit iSQL*Plus verbinden

Starten Sie *i*SQL*Plus in Ihrem Webbrowser mit der Eingabe einer URL. In Oracle Database 10g hat die Default-URL die folgende Form:

```
http://Server.Domain.com:5560/isqlplus
```

Um sich beispielsweise mit einem *i*SQL*Plus zu verbinden, das auf einem Datenbank-Server namens *gennick01.gennick.com* läuft, würden Sie die folgende URL eingeben:

```
http://gennick01.gennick.com:5560/isqlplus
```

5560 ist die Default-Portnummer, die von *i*SQL*Plus seit Oracle9*i* Database Release 2 verwendet wird. In Oracle9*i* Database Release 1 war der Default-*i*SQL*Plus-Port 80.

Die Portnummer kann durch Ihren Datenbankadministrator (DBA) geändert worden sein. Wenn Sie sich in Bezug auf die URL nicht sicher sind, fragen Sie Ihren DBA. Sind Sie dies selbst, können Sie den aktuell verwendeten Port herausfinden, indem Sie in einer der folgenden Dateien nachsehen:

Oracle9*i* Database (Unix/Linux)
$ORACLE_HOME/Apache/bin/conf/httpd.conf

Oracle9*i* Database (Windows)
%ORACLE_HOME%\Apache\Apache\conf\httpd.conf

Oracle Database 10g
$ORACLE_HOME/oc4j/j2ee/isqlplus/config/http-web-site.xml

Haben Sie erfolgreich eine Verbindung mit dem *i*SQL*Plus Application Server hergestellt, werden Sie zur *i*SQL*Plus-Login-Seite geleitet, die Sie in Abbildung 1 sehen. Dort fragt man Sie nach Ihrem Benutzernamen, Ihrem Passwort und einer Verbindungskennung.

Mit einer Datenbank verbinden

Um eine Verbindung mit einer Datenbank herzustellen, geben Sie wie in Abbildung 1 gezeigt Ihre Login-Informationen ein. Denken Sie daran, dass eine von Ihnen eingegebene *Verbindungskennung* (oder ein *Netzdienstname*) auf dem Server aufgelöst wird, auf dem *i*SQL*Plus läuft. Einträge in Ihrer eigenen *tnsnames.ora*-Datei haben also keine Auswirkungen. Was zählt, sind die Einträge in *tnsnames.ora* auf der Maschine, die *i*SQL*Plus anbietet. Lassen Sie die Verbindungskennung leer, wenn Sie eine Verbindung mit der Default-Datenbank auf der entfernten Maschine herstellen möchten.

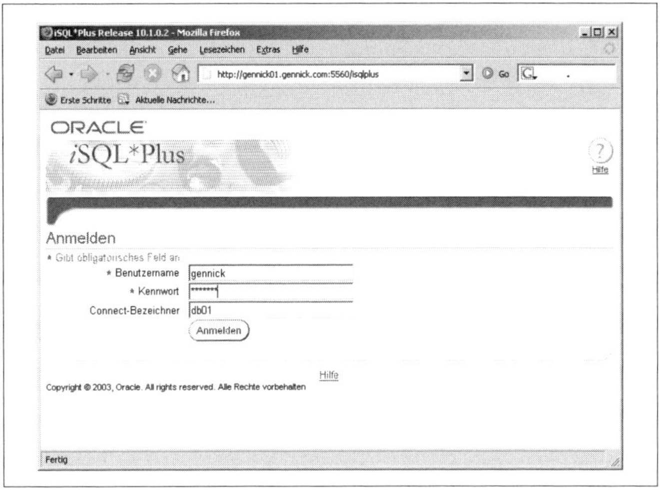

*Abbildung 1: Die iSQL*Plus-Login-Seite*

Ist die Verbindung hergestellt und haben Sie einen *Arbeitsbereich* (Abbildung 2), können Sie eine Verbindung mit einer anderen Datenbank herstellen, indem Sie den CONNECT-Befehl verwenden, wie Sie ihn auch im Kommandozeilen-Client SQL*Plus verwenden würden. Auch hier gilt, dass ein angegebener Netzdienstname auf dem *i*SQL*Plus Application Server aufgelöst wird.

Verbindung herstellen als SYSDBA

In Oracle Database 10g können Sie eine spezielle URL verwenden, um sich mit *i*SQL*Plus in der Rolle des SYSDBA- oder SYSOPER-Administration zu verbinden. Standardmäßig wird bei dieser URL nur */dba* an das Ende der Standard-URL angehängt, zum Beispiel:

```
http://gennick02.gennick.com:5560/isqlplus/dba
```

Wenn Sie sich als DBA mit *i*SQL*Plus verbinden, müssen Sie sich zweifach authentifizieren, wie es der folgende Prozess beschreibt:

1. Geben Sie eine besondere URL ein, die den *i*SQL*Plus-DBA-Login-Dialog (Abbildung 3) aufruft.

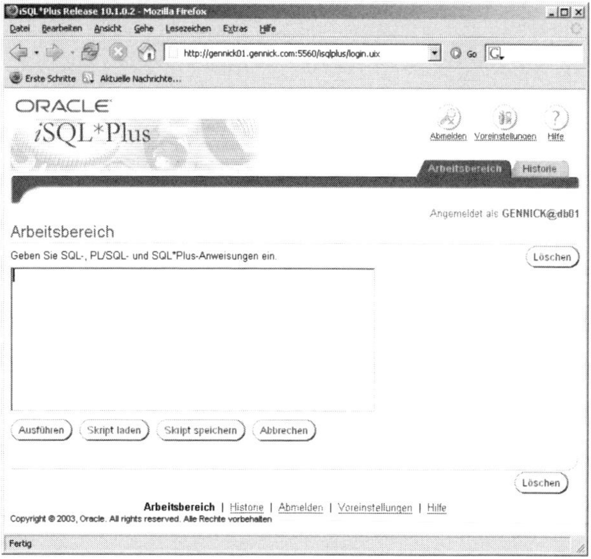

*Abbildung 2: Der iSQL*Plus-Arbeitsbereich*

2. Geben Sie einen Benutzernamen und ein Passwort ein, um sich gegenüber *i*SQL*Plus als DBA auszuweisen. Diese Benutzername-Passwort-Kombination hat nur für *i*SQL*Plus Bedeutung und steht in keinem Zusammenhang mit Ihrer Benutzername-Passwort-Kombination für die Datenbank. Mehr Informationen dazu finden Sie im folgenden Abschnitt »SYSDBA-Benutzer anlegen«.
3. *i*SQL*Plus führt Sie dann zu einer besonderen Version der Login-Seite, die ein Pulldown-Menü enthält, in dem Sie zwischen SYSDBA und SYSOPER wählen können.
4. Authentifizieren Sie sich für Ihre Datenbank durch die Angabe Ihrer Benutzername-Passwort-Kombination.

Dann können Sie fortfahren, *i*SQL*Plus für administrative Aufgaben wie das Starten und Stoppen Ihrer Datenbankinstanz zu verwenden.

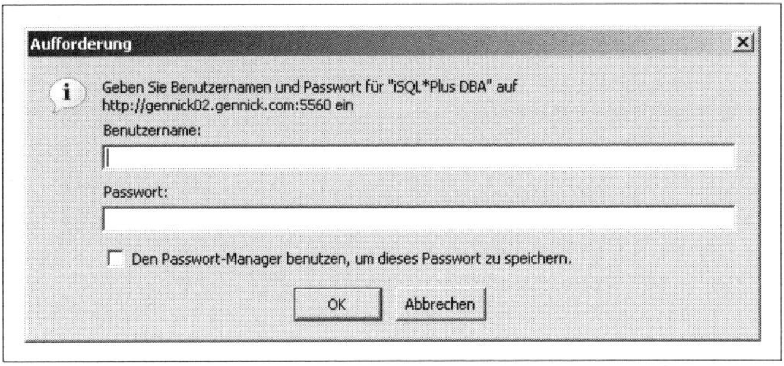

*Abbildung 3: Der iSQL*Plus-DBA-Login-Dialog*

SYSDBA-Benutzer anlegen

Um Sie als DBA zu authentifizieren, verwendet *i*SQL*Plus einen Java Authentication and Authorization Service-Provider (JAAS) namens Java AuthoriZatioN, den Oracle einfach als JAZN bezeichnet. Sie müssen in JAZN eine Benutzername-Passwort-Kombination erstellen, damit Sie *i*SQL*Plus als SYSDBA oder SYSOPER verwenden können. Gehen Sie die folgenden Schritte:

1. Loggen Sie sich als Eigentümer der Oracle-Software in Ihren Datenbank-Server ein oder als Benutzer, der die DBA-Rolle hat.
2. Definieren Sie eine JAVA_HOME-Umgebungsvariable:
   ```
   export JAVA_HOME=$ORACLE_HOME/jdk
   ```
3. Es ist ausgesprochen wichtig, dass Sie das JAZN-Werkzeug aus dem richtigen Verzeichnis aufrufen. Tun Sie das nicht, schlägt der Authentifizierungsvorgang fehl. Setzen Sie Ihr aktuelles Arbeitsverzeichnis folgendermaßen:
   ```
   cd $ORACLE_HOME/oc4j/j2ee/isqlplus
      /application-deployments/isqlplus
   ```
4. Rufen Sie die JAZN-Shell für den »iSQL*Plus DBA«-Bereich als Benutzer *admin* auf, indem Sie den folgenden (ziemlich schrecklichen) Befehl verwenden. Geben Sie ihn als eine lange Zeile ein, und zwar genau so, wie er hier gezeigt wird, einschließlich der

Bindestriche (-), aber geben Sie Ihr eigenes Passwort ein, wenn Sie den Default *welcome* geändert haben:

```
$JAVA_HOME/bin/java -Djava.security.properties=
$ORACLE_HOME/sqlplus/admin/iplus/provider -jar $ORACLE_
HOME/oc4j/j2ee/home/jazn.jar -user
"iSQL*Plus DBA/admin" -password welcome -shell
```

5. Führen Sie den Befehl *adduser* aus, um einen neuen *i*SQL*Plus-DBA-Benutzer anzulegen. Das folgende Beispiel erstellt einen Benutzer namens *dude* mit dem Passwort *secret*:

```
JAZN:> adduser "iSQL*Plus DBA" dude secret
```

6. Teilen Sie dem gerade erstellten Benutzer die *webDba*-Rolle zu:

```
JAZN:> grantrole webDba "iSQL*Plus DBA" dude
```

7. Wenn Sie die JAZN-Shell das erste Mal verwenden, sollten Sie das Passwort für *admin* in etwas anderes als den Default ändern. Das folgende Beispiel ändert das Passwort für *admin* von *welcome* in *secret*:

```
JAZN:> setpasswd "iSQL*Plus DBA"
       admin welcome secret
```

8. Beenden Sie das JAZN-Werkzeug:

```
JAZN:> exit
```

Damit der von Ihnen neu angelegte JAZN-Benutzer unter *i*SQL*Plus bekannt wird, müssen Sie *i*SQL*Plus neu starten, indem Sie erst den Befehl *isqlplusctl stop* und anschließend den Befehl *isqlplusctl start* ausführen.

Befehle eingeben und ausführen

Auf der Seite des Arbeitsbereichs werden Befehle eingegeben und ausgeführt. Zunächst werden sie in das große Textfeld eingegeben, und anschließend wird auf den *Ausführen*-Button unterhalb des Textfelds geklickt. Die Abfrageergebnisse werden in Form einer HMTL-Tabelle angezeigt. Unterhalb der Tabelle kann sich ein *Nächste Seite*-Button befinden, mit dem Sie mehrere Ausgabeseiten durchlaufen können.

Sie können einen einzelnen Befehl (oder eine einzelne Anweisung oder einen einzelnen Block) eingeben und ausführen, oder Sie können mehrere Befehle nacheinander ausführen lassen. Wenn Sie mehrere Befehle nacheinander ausführen möchten, geben Sie sie einfach in das Textfeld ein, wie Sie sie in eine Skriptdatei eintragen würden.

Ausgabe als einfachen Text erhalten

Verwenden Sie den folgenden Befehl, um eine Ausgabe in einfachem Text statt in einer HTML-Tabelle zu erhalten. Das ist nützlich, wenn Sie die Ergebnisse kopieren und in eine andere Anwendung einfügen möchten:

```
SET MARKUP HTML PREFORMAT ON
```

Für die, die lieber mit einem GUI arbeiten, bietet *i*SQL*Plus die Einstellungsseite *Skript-Formatierung*, über die Sie die PREFORMAT-Einstellung mit Hilfe eines Radiobuttons umschalten können. Befolgen Sie diese Schritte:

1. Klicken Sie auf den *Voreinstellungen*-Button neben dem Abmelden-Button.
2. Schauen Sie auf der folgenden Seite nach links und klicken Sie unter der Überschrift *System-Konfiguration* auf *Skript-Formatierung*. Scrollen Sie dann nach unten zu den *Vorformatierte Ausgabe*-Radiobuttons.
3. Wählen Sie die gewünschte Option, scrollen Sie zum Ende der Seite und klicken Sie auf den *Anwenden*-Button.
4. Klicken Sie auf die Registerkarte *Arbeitsbereich*, um zur Arbeitsbereich-Seite zurückzukehren.

Skripten

Gehen Sie die folgenden Schritte, um ein Skript von der lokalen Festplatte auszuführen:

1. Klicken Sie auf den *Skript laden*-Button. Sie sehen dann die Seite, die in Abbildung 4 gezeigt wird.

Abbildung 4: Ein Skript von der Festplatte des Arbeitsplatzrechners laden

2. Klicken Sie auf den *Durchsuchen*-Button, um einen Dateiauswahldialog zu öffnen.
3. Suchen Sie nach der gewünschten Datei, wählen Sie sie aus und klicken Sie auf den *OK*-Button. Sie werden dann zu der Seite zurückgebracht, die Sie in Abbildung 4 sehen, und in das Textfeld *Datei* wird der Pfad der von Ihnen ausgewählten Datei eingefügt.
4. Klicken Sie auf den *Laden*-Button. Die Datei wird geladen und ihr Inhalt in das Textfeld auf der Arbeitsbereich-Seite eingefügt.
5. Falls erforderlich, bearbeiten Sie das Skript, das Sie ausführen möchten.
6. Klicken Sie auf den *Ausführen*-Button, um das Skript auszuführen.

Die *Skript laden*-Funktionalität ist auch nützlich, wenn Sie sich den Inhalt eines SQL-Skripts ansehen möchten, das Sie ansonsten mit dem @-Befehl von einem Webserver ausführen würden. Sie können (an Stelle von Schritt 3) die URL des Skripts in das URL-Textfeld eingeben und nun auf den *Laden*-Button klicken. *i*SQL*Plus lädt dann das Skript in das Workspace-Textfeld, in dem Sie es einsehen, bearbeiten und eventuell ausführen können.

Sie können Skripten mit den Befehlen START, @ und @@ ausführen, aber nur über *http* oder *ftp*. Beispielsweise können Sie den Befehl *@http://gennick.com/message* eingeben, um ein Skript aus dem Internet auszuführen. Sie können aber *nicht @message* eingeben, um die Datei *message.sql* vom Application Server auszuführen.

Verbindung zu iSQL*Plus beenden

Es gibt zwei Möglichkeiten, eine *i*SQL*Plus-Session zu beenden. Sie können entweder oben rechts auf der Seite auf den *Abmelden*-Button klicken oder den SQL*Plus-Befehl DISCONNECT ausführen.

Normalerweise sollten Sie sich ausloggen oder die Verbindung beenden, wenn Sie nicht mehr mit SQL*Plus arbeiten müssen. Es gibt aber auch eine Verfallszeit – d.h., wenn Sie einfach Ihren Browser schließen oder mal weggehen, um einen Kaffee zu trinken, beendet der *i*SQL*Plus Application Server Ihre Session nach einer gewissen Zeit der Inaktivität.

Auswahl von Daten

Die SELECT-Anweisung ist der Schlüssel zum Abfragen von Daten aus einer Oracle-Datenbank. Sie ist auch die am meisten verwendete SQL-Anweisung in SQL*Plus.

Die SELECT-Anweisung

Die Grundform der SELECT-Anweisung sieht wie folgt aus:

```
WITH Unterabfrage
SELECT Spaltenliste
FROM Tabellenliste
WHERE Bedingungen
GROUP BY Spaltenliste
HAVING Bedingungen
ORDER BY Spaltenliste;
```

Die Listen in der Syntax sind kommasepariert. Die Spaltenliste zum Beispiel ist eine kommaseparierte Liste von Spaltennamen oder Ausdrücken, die die Rückgabedaten der Abfrage aufnimmt.

Auswahl von Spalten einer Tabelle

Um die Spalten einer Tabelle zu erhalten, listet man diese nach dem Schlüsselwort SELECT auf, gibt den Tabellennamen nach dem Schlüsselwort FROM an und führt die Anweisung aus. Die folgende Abfrage liefert eine Liste aller Tabellen mit ihren zugehörigen Tablespaces:

```
SELECT table_name, tablespace_name
FROM user_tables;
```

Sortierung von Abfrageresultaten

Mittels der Klausel ORDER BY können die Ergebnisse einer Abfrage sortiert werden. Das folgende Beispiel sortiert die Ergebnisse nach dem Tabellennamen:

```
SELECT table_name, tablespace_name
FROM user_tables
ORDER BY table_name;
```

Standardmäßig wird in aufsteigender Folge sortiert. Eine absteigende Sortierung kann mit dem Schlüsselwort DESC erreicht werden, zum Beispiel:

```
ORDER BY table_name DESC;
```

Obwohl es redundant ist, kann ASC angegeben werden, um aufsteigend zu sortieren. Das folgende Beispiel sortiert eine Tabellenliste zunächst nach dem Tablespace-Namen absteigend und dann innerhalb dieser Liste nach dem Tabellennamen in aufsteigender Folge:

```
SELECT table_name, tablespace_name
FROM user_tables
ORDER BY tablespace_name DESC,
         table_name ASC;
```

Falls man eine von Groß-/Kleinschreibung unabhängige Sortierung wünscht, kann Oracles Built-in-Funktion UPPER verwendet werden, beispielsweise:

```
SELECT table_name, tablespace_name
FROM user_tables
ORDER BY UPPER(table_name);
```

Aus Symmetriegründen gibt es bei Oracle auch eine LOWER-Funktion. LOWER konvertiert einen String in Kleinbuchstaben, UPPER hingegen in Großbuchstaben.

Einschränkung von Abfrageresultaten

Die Klausel WHERE wird verwendet, um die Zeilen, die von der Abfrage zurückgegeben werden, auf die einzuschränken, die benötigt werden. Das folgende Beispiel liefert eine Liste aller eigenen ungültigen Objekte:

```
SELECT object_name, object_type
FROM user_objects
WHERE status = 'INVALID'
ORDER BY object_type, object_name;
```

Der Ausdruck nach der Klausel WHERE kann ein gültiger Boolescher Ausdruck sein. Oracle unterstützt alle gängigen Operatoren, die Sie auch erwartet hätten: +, -, /, *, <, >, <>, <=, >=, AND, OR, NOT, ||, IS NULL, LIKE, BETWEEN und IN. Klammern werden ebenfalls unterstützt und können dazu verwendet werden, die Reihenfolge der Abarbeitung zu verdeutlichen und festzulegen.

Verwendung von Spalten-Aliasnamen

Wenn eine SELECT-Anweisung Spalten aufweist, die Ausdrücke enthalten, generiert Oracle dafür einen Spaltennamen. Werfen Sie einen Blick auf die folgende SQL-Anweisung:

```
SELECT SUM(hours_logged)
FROM project_hours
WHERE project_id = 1001;
```

Der Name der von dieser Abfrage zurückgelieferten Spalte wird SUM(HOURS_LOGGED) lauten. Dies bedeutet, dass ein beliebiger COLUMN-Befehl zur Formatierung der Ausgabe wie folgt aussieht:

```
COLUMN SUM(HOURS_LOGGED) HEADING 'Gesamtstunden'
```

Der von Oracle erzeugte Name wird jedoch umso schwieriger handhabbar, je komplizierter der Ausdruck wird. Daher ist es besser, einen benutzerfreundlicheren Aliasnamen für die berechnete Spalte zu verwenden, zum Beispiel:

```
SELECT SUM(hours_logged) Gesamtstunden
FROM project_hours
WHERE project_id = 1001;
```

Der Spaltenname ist nun leicht ersichtlich. Er lautet »Gesamtstunden«, und er wird sich bei einer Änderung des Ausdrucks nicht ändern.

Unterabfragen auslagern

Sie können die WITH-Klausel verwenden, um benannte Ergebnismengen für Unterabfragen zu erzeugen. Dann können Sie auf diese Ergebnismengen in der Hauptabfrage zugreifen, sooft sie möchten. Die folgende Abfrage liefert beispielsweise eine Liste der Angestellten zurück, deren Rechnungsquote in der oberen Hälfte des Bereichs liegt:

```
SELECT employee_id id, employee_billing_rate rate,
       (SELECT MAX(employee_billing_rate)
        FROM employee) top_rate
FROM employee
WHERE employee_billing_rate >
      (SELECT MAX(employee_billing_rate)
      FROM employee) / 2;
```

Das Ergebnis sieht folgendermaßen aus:

```
        ID       RATE   TOP_RATE
---------- ---------- ----------
       101        169        300
       108        220        300
       113        300        300
```

Mit einer WITH-Klausel können Sie die SELECT MAX-Logik der Unterabfrage aus der Hauptabfrage heraus in eine benannte Unterabfrage verlagern. In der folgenden Version der Abfrage erscheint die SELECT MAX-Logik zur Berechnung der maximalen Rechnungsquote nur einmal:

```
WITH top_rate AS
    (SELECT MAX(employee_billing_rate) as rate
     FROM employee)
SELECT employee_id id, employee_billing_rate rate,
       (SELECT rate FROM top_rate)
FROM employee
WHERE employee_billing_rate >
      (SELECT rate FROM top_rate) / 2;
```

Sie müssen immer noch Werte aus den benannten Ergebnismengen (hier top_rate) auswählen. Die SELECT MAX-Unterabfrage in diesem Beispiel ist so einfach, dass die WITH-Version der Abfrage eher komplexer als klarer im Vergleich zur Nicht-WITH-Version erscheint. Aber wenn Unterabfragen komplexer werden, werden die Vorteile von WITH (in Bezug auf Einfachheit und Verständlichkeit der Abfragen) deutlicher.

Sie können in der WITH-Klausel mehrere Ergebnismengen benennen. Trennen Sie ihre Definitionen einfach durch Kommata. Das folgende Beispiel erzeugt eine Ergebnismenge namens top_rate mit der maximalen Rechnungsquote, gefolgt von einer zweiten Ergebnismenge namens rate_threshold. Achten Sie auf das Komma, das auf die Definition von top_rate folgt:

```
WITH top_rate AS
    (SELECT MAX(employee_billing_rate) as rate
     FROM employee),
     rate_threshold AS
    (SELECT MAX(employee_billing_rate) / 2 as rate
     FROM employee)
SELECT employee_id id, employee_billing_rate rate,
       (SELECT rate FROM top_rate)
FROM employee
WHERE employee_billing_rate >
      (SELECT rate FROM rate_threshold);
```

In einigen, aber nicht in allen Fällen werden Sie auch feststellen, dass sich die Leistung verbessert, wenn Sie WITH verwenden, um Unterabfragen auszulagern, die sonst mehrfach ausgeführt würden.

Bei dem Beispiel in diesem Abschnitt war die WITH-Version der Abfrage auffallend weniger effizient: Sie benötigte grundsätzlich 8 »Db Block Get«, 23 »Consistent Get« und 1 »Physical Read«, die Nicht-WITH-Version im Vergleich dazu 0, 22 respektive 0. Ich habe andere Fälle gesehen, in denen die Verwendung von WITH eine signifikant positive Auswirkung auf die Leistung hatte. Im Voraus kann man kaum sagen, was passiert. Testen Sie Ihre Abfragen auf beide Arten, um herauszufinden, bei welcher die Leistung besser ist.

NULL-Werte

NULL-Werte sind etwas sonderbar, speziell in der WHERE-Klausel einer Abfrage. Mit einigen wenigen Ausnahmen liefert ein Ausdruck, der einen NULL-Wert enthält, NULL als Ergebnis zurück. Da NULL weder TRUE noch FALSE ist, könnte das zu unerwarteten Resultaten führen, wenn die WHERE-Klausel ausgewertet wird. Betrachten wir die folgende Abfrage, die versucht, eine Liste von NUMBER-Spalten zurückzuliefern, in denen der Wert von *DATA_SCALE* nicht gleich 2 ist.

```
SELECT table_name, column_name
FROM user_tab_columns
WHERE data_type = 'NUMBER'
AND data_scale <> 2;
```

Diese Abfrage versagt vollständig, da sie alle Fließkomma-NUMBER-Spalten ignoriert, bei denen kein *DATA_SCALE* definiert wurde. Dieses Problem lässt sich dadurch vermeiden, dass man bereits in der WHERE-Klausel NULL-Werte berücksichtigt. Dazu verwendet man entweder den Operator IS NULL oder den IS NOT NULL-Operator. Hierzu dieses Beispiel:

```
SELECT table_name, column_name
FROM user_tab_columns
WHERE data_type = 'NUMBER'
AND (data_scale <> 2
OR data_scale IS NULL);
```

Bei einer Datensortierung werden NULL-Werte immer größer als alle anderen Werte behandelt. Wenn eine aufsteigende Standardsortierung durchgeführt wird, sind die NULL-Werte am Ende der Liste zu finden. Bei einer absteigenden Sortierung befinden sich die NULL-Werte am Beginn der Liste. Um dieses Verhalten zu ändern, können die Built-in-Funktionen NVL oder COALESCE (Oracle *9i* Database) verwendet werden.

Verwendung der NVL-Funktion

Möchte man Resultate einer Abfrage erhalten, die NULL-Werte enthalten, oder Resultate sortieren, die ebenfalls NULL-Werte enthalten, kann Oracles Built-in-Funktion NVL dazu verwendet werden, NULL-Werte durch einen bestimmten Wert zu ersetzen. Die Spalte NUM_ROWS in dem View USER_TABLES weist nur für solche Tabellen einen Wert auf, die analysiert wurden. Hier konvertiert die NVL-Funktion NULL-Werte in numerische Null-Werte:

```
SELECT table_name, NVL(num_rows,0)
FROM user_tables
ORDER BY NVL(num_rows,0);
```

In WHERE-Klauseln sollte man mit NVL vorsichtig sein. Die Verwendung von NVL oder einer anderen Funktion auf eine indizierte Spalte in einer WHERE-Klausel hat zur Folge, dass Oracle für diese Spalte keinen Index benutzen kann.

Verwendung der COALESCE-Funktion

In Oracle*9i* Database erweitert die Funktion COALESCE das Konzept von NVL. Man kann eine beliebige Anzahl von Werten als Parameter übergeben. COALESCE liefert als Ergebnis den ersten Nicht-NULL-Wert zurück. Betrachten Sie folgenden geschachtelten NVL-Aufruf:

```
SELECT NVL(employee_nickname,
           NVL(employee_first_name,
               employee_last_name))
FROM employee;
```

Die geschachtelten Aufrufe von NVL erschweren das Erkennen des Ziels dieser Abfrage. In Oracle*9i* Database und höher kann man diese Abfrage mittels der Funktion COALESCE sehr viel einfacher formulieren:

```
SELECT COALESCE(employee_nickname,
                employee_first_name,
                employee_last_name)
FROM employee;
```

Diese Abfrage liefert also den »Spitznamen« jedes Angestellten. Falls es keinen solchen Namen gibt, wird stattdessen der Vorname zurückgeliefert. Gibt es wiederum keinen Vornamen, wird der Nachname ermittelt. COALESCE zeigt diese Reihenfolge der Präferenz sehr viel deutlicher als die NVL-Lösung.

Falls alle Parameter für COALESCE den Wert NULL haben, liefert die Funktion auch NULL zurück. Ein solches NULL-Ergebnis kann man vermeiden, indem man als letzten Parameter statt eines Spaltennamens eine Konstante angibt.

CASE-Ausdrücke

CASE-Ausdrücke repräsentieren einen ANSI-Standard-Mechanismus, um eine IF...THEN...ELSE-Logik in SQL-Anweisungen einzubetten. Vor der Einführung von CASE musste man die Oracle-spezifische Funktion DECODE verwenden, um eine konditionale Logik in einer SQL-Abfrage zu implementieren. CASE-Ausdrücke können in SELECT-Listen, WHERE- und HAVING-Klauseln und überall dort eingesetzt werden, wo ein Ausdruck gültig ist.

HINWEIS

CASE wurde bereits in Oracle8*i* eingeführt, jedoch in Oracle9*i* Database durch zusätzliche CASE-Ausdrücke erweitert. In Oracle8*i* Database funktionierte CASE bei in PL/SQL-Blöcke eingebetteten SQL-Anweisungen nicht.

Einfache CASE-Ausdrücke

Einfache CASE-Ausdrücke entsprechen der Funktion DECODE. Die allgemeine Form lautet:

```
CASE expression
   WHEN expression_1 THEN return_expression_1
```

```
    WHEN expression_2 THEN return_expression_2
    ...
    ELSE return_expression
    END
```

Der ELSE-Zweig des CASE-Ausdrucks ist optional. Hier ein Beispiel für einen einfachen CASE-Ausdruck:

```
SELECT course_name,
       CASE period
          WHEN 1 THEN 'Erstens'
          WHEN 2 THEN 'Zweitens'
          WHEN 3 THEN 'Drittens'
          WHEN 4 THEN 'Viertens'
          WHEN 5 THEN 'Fünftens'
          ELSE 'Unbekannt'
          END period_name
FROM course;
```

Der Name *period_name* nach dem Schlüsselwort END ist cin Spalten-Alias. Dieser ist nicht notwendig, doch bei SQL*Plus ist es manchmal hilfreich, Spalten zu benennen, die das Ergebnis eines Ausdrucks darstellen.

Der entsprechende DECODE-Ausdruck lautet wie folgt:

```
SELECT course_name,
       DECODE(period,1,'Erstens',2,'Zweitens',
              3,'Drittens',4,'Viertens',5,'Fünftens',
              'Unbekannt') period_name
FROM course;
```

CASE ist Bestandteil des SQL-Standards, DECODE jedoch nicht. Somit ist CASE die Methode der Wahl.

Searched CASE-Ausdrücke

Ein Searched CASE-Ausdruck ermöglicht mehr als eine Überprüfung eines einzelnen Werts. Ein Searched CASE erlaubt das Überprüfen von Ausdrücken:

```
SELECT course_name,
       CASE WHEN period >= 1
             AND period <= 3 THEN 'Morgen'
            WHEN period >= 4
```

```
              AND period <= 6 THEN 'Nachmittag'
             ELSE 'Nach der Schule'
             END
FROM course;
```

Searched CASE-Ausdrücke sind sehr vielseitig und machen vieles möglich, was zuvor schwierig, wenn nicht gar unmöglich war.

Tabellenverknüpfungen (Oracle8i und früher)

Gewöhnlich werden die Daten von zwei oder mehr Tabellen kombiniert, um bestimmte Informationen zu bekommen. Eine solche Verknüpfung wird auch als *Join* bezeichnet.

Zwei Tabellen werden verknüpft, indem sie kommasepariert in der FROM-Klausel aufgelistet werden, zum Beispiel:

```
SELECT user_constraints.constraint_name,
       user_constraints.constraint_type,
       user_cons_columns.column_name
FROM user_constraints, user_cons_columns
```

Diese Abfrage liefert das *Kartesische Produkt* – alle möglichen Kombinationen aller Zeilen beider Tabellen. Dies ist auch der Ausgangspunkt für alle Joins. In der Praxis werden in der WHERE-Klausel fast immer Bedingungen definiert, so dass nur bestimmte Zeilen kombiniert werden. Die folgende Abfrage liefert eine Liste von Constraint-Namen zusammen mit der jeweiligen Spalte zurück:

```
SELECT user_constraints.constraint_name,
       user_constraints.constraint_type,
       user_cons_columns.column_name
FROM user_constraints, user_cons_columns
WHERE user_constraints.constraint_name
      = user_cons_columns.constraint_name;
```

Da beide Tabellen denselben Spaltennamen enthalten, muss die referenzierte Spalte mit dem Tabellennamen qualifiziert werden. Wie man sieht, wird das schnell unübersichtlich. Die Lösung ist hier, einen kurzen Aliasnamen für jede Tabelle zu vergeben, um diesen dann zur Qualifizierung der Spaltennamen zu verwenden, beispielsweise:

```
SELECT uc.constraint_name,
       uc.constraint_type,
       ucc.column_name
FROM user_constraints uc,
     user_cons_columns ucc
WHERE uc.constraint_name =
   ucc.constraint_name;
```

Hierbei wird der Alias uc für die Tabelle USER_CONSTRAINTS eingesetzt, während ucc für USER_CONS_COLUMNS verwendet wird. Die resultierende Abfrage ist nun viel besser lesbar, da man nicht durch lange Tabellennamen verwirrt wird.

Innere und äußere Verknüpfungen

Die Verknüpfungen (Joins), die bisher behandelt wurden, sind innere Verknüpfungen (Inner Joins). Ein *Inner Join* liefert nur dann Daten zurück, wenn beide Tabellen eine Zeile haben, die der Verknüpfungsbedingung entspricht. Zum Beispiel liefert die folgende Abfrage nur Tabellen, die einen Constraint aufweisen:

```
SELECT ut.table_name, uc.constraint_name
FROM user_tables ut, user_constraints uc
WHERE ut.table_name = uc.table_name;
```

Ein *Outer Join* liefert für eine Tabelle sogar dann Zeilen, wenn für die andere Tabelle keine gefunden werden. Ein Outer Join wird in Oracle durch ein Pluszeichen (+) in Klammern, gefolgt von den Spaltennamen der optionalen Tabelle in der WHERE-Klausel spezifiziert, zum Beispiel:

```
SELECT ut.table_name, uc.constraint_name
FROM user_tables ut, user_constraints uc
WHERE ut.table_name = uc.table_name(+);
```

Die Angabe (+) nach *uc.table_name* markiert die Tabelle *user_constraint* als optional. Die Abfrage liefert alle Tabellen zurück. Falls es keine zugehörigen Constraint-Sätze gibt, liefert Oracle in der Spalte des Constraint-Namens eine Null.

Tabellenverknüpfungen (Oracle9i und höher)

Oracle9*i* Database führt eine neue Syntax für Tabellenverknüpfungen ein. Dies ist die Syntax, die vom ANSI SQL:1992-Standard definiert wird. Verknüpfungsbedingungen werden von nun an in der FROM-Klausel geschrieben, was ein leichteres Verständnis der Abfrage ermöglicht. Weiterhin unterstützt die neue Syntax »Full Outer Joins«, die mit der alten Syntax nicht möglich waren. Diese neue Syntax ist sehr empfehlenswert, wenn man die Kompatibilität mit älteren Versionen von Oracle nicht benötigt.

Beispieltabellen

Die Beispielabfragen für Tabellenverknüpfungen in SQL:1992 in diesem Abschnitt basieren auf den folgenden drei Tabellen:

```
SQL> SELECT *
  2  FROM course;

COURSE_NAME         PERIOD
-------------- ---------
Spanisch I               1
Spanisch 1               6
U.S. Geschichte          3
Englisch II              4

SQL> SELECT *
  2  FROM enrollment;

COURSE_NAME         PERIOD STUDENT_NAME
-------------- --------- --------------
Englisch II              4 Michael
Spanisch I               1 Billy
Spanisch I               6 Jessica
Spanisch I               1 Jeff
Englisch II              4 Jenny

SQL> SELECT *
  2  FROM student;

STUDENT_NAME         GRADE
-------------- ---------
Michael                  6
Billy                    3
```

```
Jessica                1
Jeff                   1
Jenny                  8
```

Beachten Sie, dass der Datensatz von Jessica in der Tabelle ENROLLMENT keinem Datensatz in Tabelle COURSE entspricht. Sie ist für Spanisch I (Buchstabe »I«) angemeldet, während der Kurs tatsächlich Spanisch 1 (Ziffer »1«) lautet. Dies wird vor allem dann wichtig, wenn man einen Outer Join durchführt und die USING-Klausel verwendet.

Inner Joins

Die Schlüsselwörter INNER JOIN in der FROM-Klausel verwendet man, wenn ein Inner Join zwischen zwei Tabellen durchgeführt werden soll. Die Join-Bedingungen werden mittels der Klausel ON spezifiziert, zum Beispiel:

```
SELECT c.course_name, c.period, e.student_name
FROM course c INNER JOIN enrollment e
     ON c.course_name = e.course_name
        AND c.period = e.period;
```

Andere Klauseln wie etwa WHERE und ORDER BY folgen nach der FROM-Klausel:

```
SELECT c.course_name, c.period, e.student_name
FROM course c INNER JOIN enrollment e
     ON c.course_name = e.course_name
        AND c.period = e.period
WHERE c.period < 9
ORDER BY c.period, c.course_name;
```

Join-Reihenfolge

Falls mehr als zwei Tabellen verknüpft werden, verwendet man Klammern, um die Join-Reihenfolge festzulegen. Die folgende Abfrage verknüpft zuerst COURSE und ENROLLMENT. Danach erfolgt die Verknüpfung des Resultats mit der Tabelle namens STUDENT:

```
SELECT c.course_name, c.period, s.student_name, s.grade
FROM (course c INNER JOIN enrollment e
        ON c.course_name=e.course_name
```

```
        AND c.period=e.period)
    INNER JOIN student s
    ON e.student_name=s.student_name;
```

Wenn Sie die Klammern weglassen, verarbeitet Oracle die Joins von links nach rechts. Leider ist es etwas schwieriger, in SQL Klammern zu verschieben, um die Join-Reihenfolge zu verändern, als Klammern in einem mathematischen Ausdruck zu verschieben, um die Reihenfolge der Berechnung zu ändern. Die folgende Abfrage liefert das gleiche Ergebnis zurück wie die vorangehende, weil alle Joins innere Joins sind. Aber diesmal geben die Klammern an, dass der Join zwischen ENROLLMENT und STUDENT logisch zuerst erfolgen soll:

```
SELECT c.course_name, c.period, s.student_name, s.grade
FROM course c INNER JOIN (enrollment e
    INNER JOIN student s
       ON e. student_name = s.student_name)
    ON c.course_name = e.course_name
         AND c.period = e.period;
```

Achten Sie auf den neuen Ort der ON-Klausel zwischen den Tabellen COURSE und ENROLLMENT. Sie musste von ihrem alten Ort, direkt nach ENROLLMENT, an den neuen, hinter der schließenden Klammer verschoben werden. Es kann schon ein wenig mühselig werden, die Klammern bei einer Folge von Joins richtig zu positionieren, um eine andere Join-Reihenfolge als die gewöhnliche Links/Rechts-Reihenfolge anzugeben.

Left und Right Outer Joins

Um einen herkömmlichen, von Oracle unterstützten Join auszuführen, verwendet man entweder LEFT OUTER JOIN oder RIGHT OUTER JOIN. Left und Right Outer Joins sind sich recht ähnlich; der Unterschied liegt in der Reihenfolge der Tabellen in der FROM-Klausel. Die folgende Abfrage verwendet die alte Syntax, um alle Zeilen aus COURSE mit den entsprechenden Zeilen aus ENROLLMENT zu ermitteln:

```
SELECT c.course_name, c.period, e.student_name
FROM course c, enrollment e
WHERE c.course_name = e.course_name(+)
  AND c.period = e.period(+);
```

Bei dieser Abfrage ist ENROLLMENT die optionale Tabelle, da (+) an jede Tabellenspalte angehängt wird. Die folgenden beiden Abfragen verwenden die neue Syntax gemäß ANSI-Standard:

```
SELECT c.course_name, c.period, e.student_name
FROM course c LEFT OUTER JOIN enrollment e
     ON c.course_name = e.course_name
        AND c.period = e.period;

SELECT c.course_name, c.period, e.student_name
FROM enrollment e RIGHT OUTER JOIN course c
     ON c.course_name = e.course_name
        AND c.period = e.period;
```

Schauen Sie sich den Unterschied zwischen den beiden Abfragen an: In der ersten Abfrage steht die Tabelle COURSE an erster Stelle, in der zweiten die Tabelle ENROLLMENT. Ein LEFT OUTER JOIN definiert die linke Tabelle als treibende Tabelle, ein RIGHT OUTER JOIN hingegen die rechte Tabelle als treibende. In beiden Abfragen ist ENROLLMENT die optionale, COURSE die treibende Tabelle. Beide Abfragen liefern das gleiche Ergebnis.

Full Outer Joins

Der Full Outer Join ist eine neue Funktionalität von Oracle9*i* Database. Ein *Full Outer Join* liefert alle Zeilen aus beiden Tabellen. Wenn möglich, werden Zeilen aus der einen Tabelle mit denjenigen aus der anderen Tabelle verglichen. In Oracle8*i* Database kann man dies mittels einer UNION-Abfrage simulieren:

```
SELECT c.course_name, c.period, e.student_name
FROM course c, enrollment e
WHERE c.course_name = e.course_name(+)
  AND c.period = e.period(+)
UNION
SELECT e.course_name, e.period, e.student_name
FROM enrollment e
WHERE NOT EXISTS (
   SELECT *
   FROM course c2
   WHERE c2.course_name = e.course_name
     AND c2.period = e.period
   );
```

Um diese UNION-Abfrage auszuführen, muss Oracle jede SELECT-Anweisung separat ausführen, um dann die Resultate zu kombinieren. Daraus können sich möglicherweise zwei Full-Table-Scans für jede Tabelle ergeben. In Oracle9*i* Database können Sie mit FULL OUTER JOIN das gleiche erreichen:

```
SQL> SELECT c.course_name, c.period, e.student_name
  2  FROM course c FULL OUTER JOIN enrollment e
  3     ON c.course_name = e.course_name
  4       AND c.period = e.period;

COURSE_NAME         PERIOD STUDENT_NAME
--------------- ---------- ---------------
Englisch II              4 Michael
Spanisch I               1 Billy
Spanisch I               1 Jeff
Englisch II              4 Jenny
Spanisch 1               6
U.S. Geschichte          3
                           Jessica
```

Diese Abfrage ist besser verständlich als die UNION-Abfrage. Es ist lediglich eine SELECT-Anweisung, die effizienter ausgeführt werden sollte als die zuvor gezeigte UNION-Abfrage.

Angabe von Join-Bedingungen

Oracle9*i* Database unterstützt drei Arten von Join-Bedingungen: die Klauseln ON, NATURAL und USING. Die gebräuchlichste davon ist die ON-Klausel, bei der man eine beliebige Join-Bedingung angeben kann, zum Beispiel:

```
SELECT c.course_name, c.period, e.student_name
FROM course c FULL OUTER JOIN enrollment e
ON c.course_name = e.course_name
AND c.period = e.period;
```

Diese spezielle Abfrage ist ein *Equi-Join*. Dieser sucht nach Fällen, in denen die entsprechenden Spalten aus den beiden Tabellen die gleichen Werte enthalten. Da die Namen der Join-Spalten in beiden Tabellen identisch sind, wird dieser Join auch als *Natural Join* bezeichnet. Oracle unterstützt die folgende Kurzsyntax für Natural Joins:

```
SELECT course_name, period, e.student_name
FROM course c
    NATURAL FULL OUTER JOIN enrollment e;
```

Beachten Sie, dass keine Tabellen-Aliasnamen für die Join-Spalten in der SELECT-Liste verwendet werden. In einem Natural Join erkennt Oracle nur eine Version einer Join-Spalte.

ACHTUNG

Natural Joins sind gefährlich! Sie sollten nur für interaktive Abfragen eingesetzt werden.

Auch wenn die NATURAL-Join-Syntax bequem ist, müssen Sie sehr vorsichtig sein, wenn Sie sie verwenden. Angenommen, Sie verwenden im Programm die NATURAL-Syntax und fügen eine Spalte UPDATE_TIMESTAMP in jede Tabelle ein. Diese Spalte wird automatisch in alle Joins eingefügt. In der Folge werden alle Ihre Anfragen fehlerhafte Resultate zurückliefern. Ich empfehle daher, statt des Schlüsselworts NATURAL die Klausel USING zu verwenden.

Die Klausel USING ist eine weitere Vereinfachung, um einen Equi-Join auszuführen. Der Unterschied zwischen USING und NATURAL besteht darin, dass bei USING die Join-Spalten explizit angegeben werden. Spätere Änderungen der Tabellen werden die Semantik der Abfragen nicht ändern. Die folgende Abfrage verwendet USING, um den gleichen Full Outer Join durchzuführen wie in den vorherigen beiden Beispielen:

```
SQL> SELECT course_name, period, e.student_name
  2  FROM course c FULL OUTER JOIN enrollment e
  3  USING (course_name, period);

COURSE_NAME         PERIOD STUDENT_NAME
--------------- ---------- ---------------
Englisch II              4 Michael
Spanisch I               1 Billy
Spanisch I               1 Jeff
Englisch II              4 Jenny
Spanisch 1               6
U.S. Geschichte          3
Spanisch I               6 Jessica
```

Vergleichen Sie die Ergebnisse dieser Abfrage mit den zuvor gezeigten. Sie sehen, dass der Kursname von Jessica in diesen Ergebnissen auftaucht. Das liegt daran, dass Oracle bei der Verwendung von USING oder NATURAL nur eine Version jeder Join-Spalte erkennt und den Wert aus einer beliebigen Tabelle anzeigt.

Partition Outer Joins

Oracle Database 10g hat einen sehr nützlichen Join-Typ hinzugefügt: den so genannten *Partition Outer Join*. Dieser Typ von Join teilt die Zeilen der optionalen Tabelle in Partitionen bzw. Gruppen ein, die auf einer Liste von Spalten basieren, die Sie angeben, und wiederholt den Outer Join dann für jede der Partionen. Partition Outer Joins sind zur *Datenverdichtung* nützlich, bei denen fehlende Zeilen in einem Bereich gefüllt werden sollen.

Betrachten Sie beispielsweise das Problem, eine Liste von Projektkosten für den August 2005 für jede Kombination aus Projekt, Angestelltem und Tag erstellen zu müssen. Sie könnten mit einer Abfrage wie der folgenden beginnen:

```
SELECT project_id p_id, employee_id e_id,
       dollars_charged dollars, time_log_date log_date
FROM project_hours
WHERE time_log_date >=
        TO_DATE('1-Aug-2005','dd-mon-yyyy')
  AND time_log_date <
        TO_DATE('1-Sep-2005','dd-mon-yyyy')
ORDER BY project_id, employee_id, time_log_date;
```

Ein kurzer Blick auf die Ausgabe zeigt, dass es in den Ergebnissen viele »Löcher« gibt. Es gibt viele Tage, an denen Angestellte zu einem bestimmten Projekt keine Kosten berechnet haben. Beispielsweise zeigt die Ausgabe dieses Beispiels, dass der Angestellte 101 für das Projekt 1001 nur einmal Arbeitszeit in Rechnung gestellt hat, nämlich am ersten Tag des Monats:

```
      P_ID       E_ID    DOLLARS LOG_DATE
---------- ---------- ---------- ---------
      1001        101        507 01-AUG-05
      1001        105        605 15-AUG-05
      1001        107        135 02-AUG-05
...
```

Es kann aber etliche Gründe für eine Ausgabe geben, die 31 Zeilen für den Angestellten 101 und das Projekt 1001 darstellt, auch wenn 30 dieser Zeilen nur zeigen, dass 0 Dollar in Rechnung gestellt wurden. Vielleicht möchten Sie beispielsweise Daten für eine Art Grafik wie ein Balkendiagramm erstellen. Die folgende Abfrage verwendet die neue PARTITION OUTER JOIN-Syntax, um einen Rechungseintrag pro Angestellten und Projekt und Tag des Monats August 2005 zu erstellen. Achten Sie besonders auf die hervorgehobenen Zeilen:

```
WITH days_in_month AS
     (SELECT TO_DATE('1-Aug-2005',
                     'dd-mon-yyyy') + x day
      FROM pivot
      WHERE x BETWEEN 0 AND 30)
SELECT project_id p_id, employee_id e_id,
       NVL(dollars_charged, 0) dollars,
       dm.day log_date
FROM project_hours ph
     PARTITION BY (ph.project_id, ph.employee_id)
     RIGHT OUTER JOIN days_in_month dm
     ON ph.time_log_date = dm.day
WHERE dm.day >=
         TO_DATE('1-Aug-2005','dd-mon-yyyy')
  AND dm.day <
         TO_DATE('1-Sep-2005','dd-mon-yyyy')
ORDER BY ph.project_id, ph.employee_id,
         dm.day;
```

Das Ergebnis dieser Abfrage sieht folgendermaßen aus:

```
      P_ID       E_ID    DOLLARS LOG_DATE
---------- ---------- ---------- ---------
      1001        101        507 01-AUG-05
      1001        101          0 02-AUG-05
      1001        101          0 03-AUG-05
      1001        101          0 04-AUG-05
...
```

Zu dieser Abfrage sind die folgenden Kernpunkte festzuhalten:

- Die WITH-Klausel erstellt die benannte Ergebnismenge dm, die 31 Zeilen enthält, eine für jeden Tag des Monats August. Diese Unterabfrage hätte in die Hauptabfrage der FROM-Klausel eingebettet werden können. Ich habe sie aus Gründen der Übersichtlichkeit ausgelagert.

- Die PARTITION BY-Klausel gibt an, dass der Outer Join zwischen `days_in_month` (mit dem Alias `dm`) und `project_hours` für jede Kombination aus Projekt und Angestelltem durchgeführt werden soll. Die Tabelle `dm` ist die nicht-optionale Tabelle, das Ergebnis wird also eine Zeile pro Tag für jede Partition des Joins enthalten.
- Die SELECT-Liste referenziert dm.day statt `ph.time_log_date`. Grund dafür ist, dass `ph.time_log_date` auf Grund des Outer Join oft NULL ist.
- Gleichermaßen wird die Funktion NVL in der SELECT-Liste auf `dollars_charged` angewandt, um zu sichern, dass alle Zeilen, die durch den Outer Join erstellt werden, eine Null statt NULL für die berechneten Kosten enthalten. In diesem Fall entspricht das Fehlen einer Zeile keinen in Rechnung gestellten Kosten.
- Die Klauseln WHERE und ORDER BY referenzieren `dm.day` statt `ph.time_log_date`, weil dm.day nie NULL ist.

Die erste Zeile der Ausgabe dieses Beispiels zeigt einen Betrag von 507 Dollar an und repräsentiert eindeutig eine Zeile, die tatsächlich in `project_hours` vorhanden ist. Die folgenden drei Zeilen, die Sie sehen, wurden durch den Outer Join erstellt. Sie sind in meinen Beispieldaten nicht vorhanden. Wenn Sie genau wissen müssen, ob die Zeilen ursprünglich vorhanden waren, könnten Sie `ph.time_log_date` in die Ausgabe einschließen. Diese Spalte ist Teil des Primärschlüssels `project_hours` und keine der PARTITION BY-Spalten, sie ist NULL bei Zeilen, die durch den Outer Join erstellt wurden, andernfalls Nicht-NULL.

Eine letzte Bemerkung: Partition Outer Joins verdichten die Zeilen in jeder Partition. Sie können allerdings nicht verwendet werden, um neue Partitionen zu erstellen. Wenn es für den Angestellten 101 und das Projekt 1001 nicht mindestens eine Zeile im August 2005 gäbe, würden Sie die Kombination aus diesem Angestellten und diesem Projekt in der Ausgabe der Partition Outer Join-Abfrage dieses Abschnitts nicht sehen.

TIPP

Informationen zur Erstellung der in diesem Beispiel verwendeten Pivot-Tabelle finden Sie unter *http://gennick.com/pivot.html*. Ein weitere, etwas ausführlichere Erklärung von Partition Outer Joins anhand eines Beispiels finden Sie unter *http://gennick.com/partition.html*.

Gruppierungsabfragen

Die Klauseln GROUP BY und HAVING sowie die Built-in-Aggregatfunktionen von Oracle ermöglichen eine Zusammenfassung der Daten, die eine Abfrage zurückliefert.

Verwenden von Aggregatfunktionen

Aggregatfunktionen nehmen Daten mehrerer Zeilen als Eingabe auf und liefern einen zusammengefassten Wert zurück. Die folgende Abfrage verwendet die Funktion COUNT, um die Anzahl der eigenen Tabellen zu ermitteln:

```
SELECT COUNT(*)
FROM user_tables;
```

Oracle unterstützt viele Aggregatfunktionen. Einige der häufiger verwendeten Funktionen sind:

AVG([DISTINCT | ALL] *Wert*)
: Liefert das arithmetische Mittel einer Gruppe von Werten.

CORR(*Wert, Wert*)
: Liefert den Korrelationskoeffizienten (mit Pearson-Korrelation) einer Gruppe von Zahlenpaaren.

COUNT([DISTINCT | ALL] *Wert*)
: Zählt die Nicht-NULL-Werte in einer Gruppe von Werten.

MAX([DISTINCT | ALL] *Wert*)
: Liefert den Maximumwert aus einer Gruppe von Werten.

MEDIAN(*Wert*)
: Sortiert eine Gruppe von Eingabwerten und liefert den mittleren. In Oracle Database 10g neu eingeführt.

MIN([DISTINCT | ALL] *Wert*)
: Liefert den Minimalwert einer Gruppe von Werten.

SUM([DISTINCT | ALL] *Wert*)
: Addiert eine Gruppe von Werten.

Werden diese Funktionen allein verwendet, operieren sie auf der Gruppe aller Werte in einer Spalte, die von einer Abfrage zurückgeliefert werden. Wenn Sie GROUP BY verwenden, können Sie die Gruppe der Eingabewerte, auf denen die Funktion operiert, genauer definieren.

Verwendung von GROUP BY

Zusätzlich zur Gruppierung der gesamten Resultate einer Abfrage ist es möglich, die Daten nur für einen bestimmten Wert einer Spalte zu gruppieren. So liefert zum Beispiel die folgende Abfrage die Anzahl der Spalten in jeder Tabelle zurück:

```
SELECT ut.table_name, COUNT(utc.column_name)
FROM user_tables ut, user_tab_columns utc
WHERE ut.table_name = utc.table_name
GROUP BY ut.table_name
ORDER BY ut.table_name;
```

Die nächste Abfrage erweitert die vorherige Abfrage und zeigt wieder die Anzahl der Spalten in jeder Tabelle an, auf die man zugreifen kann. Diesmal hat die Gruppierung eine Zeile für jede Kombination aus Besitzer und Tabellenname zur Folge:

```
SELECT at.owner, at.table_name, COUNT(atc.column_name)
FROM all_tables at, all_tab_columns atc
WHERE at.table_name = atc.table_name
GROUP BY at.owner, at.table_name
ORDER BY at.owner, at.table_name;
```

Wenn Sie möchten, dass die Resultate einer GROUP BY-Abfrage in einer bestimmten Reihenfolge zurückgeliefert werden, sollten Sie die Klausel ORDER BY angeben, dies ist jedoch nicht immer zwingend notwendig. Gelegentlich scheint es so, als sortiere Oracle derartige GROUP BY-Abfragen automatisch, jedoch nur zu einem gewissen Grad. Falls man sortierte Resultate haben möchte, muss die Klausel ORDER BY verwendet werden.

Spalten in der Auswahlliste einer GROUP BY-Abfrage müssen entweder in der GROUP BY-Klausel angegeben oder in eine der Aggregatfunktionen eingeschlossen werden.

Einschränken von gruppierten Resultaten

Mit Hilfe der Klausel HAVING können die Zeilen, die durch eine gruppierte Abfrage zurückgeliefert werden, weiter eingeschränkt werden. Die Klausel HAVING fungiert wie eine WHERE-Klausel, die HAVING-Bedingungen gelten jedoch nur für die gruppierten Resultate. Zum Beispiel liefert die folgende Abfrage eine Liste aller Tabellen, für die keine Indizes angelegt wurden:

```
SELECT ut.table_name, COUNT(ui.index_name)
FROM user_tables ut, user_indexes ui
WHERE ut.table_name = ui.table_name(+)
GROUP BY ut.table_name
HAVING COUNT(ui.index_name) = 0;
```

Diese Abfrage zählt zunächst die Anzahl der Indizes pro Tabelle und entfernt dann diejenigen Tabellen mit einer von Null verschiedenen Anzahl Indizes.

Man sollte HAVING-Klauseln vermeiden, die nicht die gruppierten Werte prüfen. Betrachten Sie beispielsweise diese beiden Abfragen:

```
SELECT at.owner, at.table_name, COUNT(atc.column_name)
FROM all_tables at, all_tab_columns atc
WHERE at.table_name = atc.table_name
GROUP BY at.owner, at.table_name
HAVING at.owner <> 'SYS'
AND at.owner <> 'SYSTEM'
ORDER BY at.owner, at.table_name;

SELECT at.owner, at.table_name, COUNT(atc.column_name)
FROM all_tables at, all_tab_columns atc
WHERE at.table_name = atc.table_name
AND at.owner <> 'SYS'
```

```
AND at.owner <> 'SYSTEM'
GROUP BY at.owner, at.table_name
ORDER BY at.owner, at.table_name;
```

Beide Abfragen liefern das gleiche Ergebnis: die Anzahl der Spalten in jeder Tabelle, mit Ausnahme der Tabellen, die zu SYS oder SYSTEM gehören. Die zweite Abfrage ist jedoch effizienter, da in der WHERE-Klausel die Tabellen von SYS und SYSTEM bereits ausgeschlossen werden, bevor die Daten gruppiert werden.

Verwendung von ALL und DISTINCT

Die Aggregatfunktionen ignorieren NULL-Werte. Standardmäßig schließen sie doppelte Werte ein. Mit Hilfe der Schlüsselwörter ALL und DISTINCT kann dieses Verhalten geändert werden, zum Beispiel:

```
SELECT COUNT (DISTINCT table_name)
FROM user_tab_columns;

SELECT COUNT (ALL table_name)
FROM user_columns;
```

Die erste Abfrage verwendet das Schlüsselwort DISTINCT, um die Anzahl der Tabellen zu ermitteln. Die zweite Abfrage verwendet das Schlüsselwort ALL, das dem Default-Verhalten entspricht, um die Gesamtanzahl der Tabellenspalten zu ermitteln, die für diese Tabellen definiert sind.

Unions

SQL unterstützt vier Union-Operatoren, mit denen man die Resultate zweier Abfragen in einer zusammenfassen kann. Diese sind in Tabelle 1 aufgelistet.

Tabelle 1: Die Union-Operatoren von SQL

Funktion	Beschreibung
UNION	Kombiniert die Resultate zweier Abfragen und entfernt die doppelten Zeilen.
UNION ALL	Kombiniert die Resultate zweier Abfragen und entfernt die doppelten Zeilen nicht.

Tabelle 1: Die Union-Operatoren von SQL (Fortsetzung)

Funktion	Beschreibung
MINUS	Entfernt diejenigen Zeilen einer Abfrage, die auch in einer anderen Abfrage zurückgeliefert werden.
INTERSECT	Liefert aus den Resultaten zweier Abfragen nur solche Zeilen, die in beiden vorkommen.

Das folgende Beispiel einer Union-Abfrage verwendet den MINUS-Operator, um eine Liste aller Tabellen zurückzuliefern, für die noch keine Indizes definiert wurden:

```
SELECT table_name
FROM user_tables
MINUS
SELECT DISTINCT table_name
FROM user_indexes
WHERE table_owner = USER
ORDER BY table_name;
```

Die erste Abfrage liefert eine Liste aller eigenen Tabellen zurück, die zweite Abfrage eine Liste aller Tabellen, die indiziert sind. Die Union-Operation MINUS entfernt alle indizierten Tabellen aus der ersten Liste, so dass die nicht-indizierten Tabellen übrig bleiben.

Wenn zwei oder mehr Tabellen mit Union verknüpft werden, ist nur eine ORDER BY-Klausel erlaubt, die am Ende angegeben werden muss. Nur diejenigen Zeilen werden sortiert, die als Endergebnis zurückgeliefert werden.

TIPP

Wenn Sie mehr zu Union-Operationen erfahren und insbesondere auch einige ausführliche Beispiele sehen möchten, lesen Sie »Is Yours A UNION Shop?« unter *http://gennick.com/union.html*.

Partitionsoperationen

Wenn Sie Daten aus einer partitionierten Tabelle auswählen möchten und wissen, dass die Daten nur in einer bestimmten Partition enthalten sind, können Sie explizit diese Partition oder Subpartition angeben, beispielsweise folgende Partition:

```
SELECT *
FROM course PARTITION (2001_courses);
```

Die Angabe der Subpartition lautet wie folgt:

```
SELECT *
FROM course SUBPARTITION (2001_qtr01_courses);
```

Vorsicht ist geboten, wenn bestimmte Partitionsnamen in Abfragen von Programmen verwendet werden, da diese Abfragen fehlschlagen werden, wenn die jeweiligen Partitionen nicht vorhanden sind.

Das hier gezeigte Schema für die Angabe von Partitions- und Subpartitionsnamen gilt ebenso für INSERT-, UPDATE- und DELETE-Anweisungen.

Flashback-Abfragen

Oracle unterstützt eine Syntax für *Flashback-Abfragen*, die Zeilen so zurückliefern, wie sie zu einem bestimmten vergangenen Zeitpunkt vorlagen. Die neue Syntax wird zwischen den Tabellennamen und ihren Aliasen in der FROM-Klausel eingefügt:

```
FROM Tabellenname Flashback Tabellen-Alias

Flashback ::= {AS_OF | Versionen}

AS-OF ::= AS OF {SCN System-Änderungsnummer
                |TIMESTAMP Zeitstempel}

Versionen ::= VERSIONS BETWEEN
              {SCN SCN-Anfang AND SCN-Ende
              |TIMESTAMP Anfangszeit AND Endzeit}

SCN-Anfang ::= {System-Änderungsnummer | MINVALUE}
SCN-Ende ::= {System-Änderungsnummer | MAXVALUE}

Anfangszeit ::= {Zeitstempel | MINVALUE}
Endzeit ::= {Zeitstempel | MAXVALUE}
```

Verwenden Sie die *AS OF-Klausel* (Oracle9*i* Database Release 2 und höher), um Zeilen von einem bestimmten, vergangenen Zeitpunkt zurückzuliefern. Verwenden Sie die *VERSIONS-Klausel* (Oracle Database 10g und höher), um alle Versionen der ausgewählten Zeilen zwischen den beiden System-Änderungsnummern oder zwei Zeitstempeln abzurufen. Die Schlüsselwörter MINVALUE und MAXVALUE benutzen Sie, wenn Sie keine untere bzw. obere Beschränkung wünschen.

Hier sehen Sie ein Beispiel für eine Flashback-Abfrage, die die Liste der Angestellteneinträge von vor zwei Tagen zurückliefert:

```
SELECT e.employee_id, e.employee_name,
       e.employee_billing_rate
FROM employee AS OF TIMESTAMP
     SYSTIMESTAMP - INTERVAL '2' DAY e;
```

Die Datenbank zeichnet die Verknüpfung zwischen Zeitstempel und System-Änderungsnummer (SCN) in einem Fünf-Minuten-Intervall auf. Dieser Verlauf wird über eine rollierende, fünftägige Periode der Datenbank-Operation gepflegt. Sie erhalten eine Fehlermeldung, wenn Sie versuchen, mit einem Zeitstempel eine Flashback-Abfrage auszuführen, die auf einen Zeitpunkt zurückgreift, der vor dem aktuellen Zeitstempel/SCN-Verlauf liegt. Wenn Ihre Flashback-Abfrage auf einem Zeitstempel basisert, bedeutet dies, dass der Status zu der SCN abgerufen wird, die in dem Fünf-Minuten-Intervall aufgezeichnet wurde, das unmittelbar vor dem Zeitstempel liegt oder dem Zeitstempel genau entspricht.

TIPP

Sie können Flashback-Abfragen nicht auf temporäre Tabellen, externe Tabellen, Cluster-Tabellen oder Views anwenden.

Modellieren von Daten

Oracle Database 10g bringt eine mächtige neue Klausel namens MODEL mit, die tabellenkalkulationsähnliche Berechnungen aus SELECT-Anweisungen ermöglicht. Sie legt ein mehrdimensionales Array an, in dem Zellen über die Dimensionsindizes referenziert werden können.

Syntax der MODEL-Kausel

Die MODEL-Klausel erscheint an der folgenden Position in einer SELECT-Anweisung:

```
SELECT
...
GROUP BY
HAVING
MODEL Modell-Klausel
ORDER BY ...
```

Die Syntax der MODEL-Klausel lautet:

```
MODEL Modell-Klausel

Modell-Klausel ::= [Optionen] [Rückgabe]
   [Verweismodelle] Hauptmodell

Optionen ::= [{IGNORE | KEEP} NAV]
   [UNIQUE {DIMENSION | SINGLE REFERENCE}]

Rückgabe ::= RETURN {UPDATED | ALL} ROWS

Verweismodelle ::=
   Verweismodell [Verweismodell ...]

Verweismodell ::= REFERENCE Modellname
   ON (Unterabfrage) Modellspalten [Optionen]

Modellspalten ::= [Partition [Alias]]
   DIMENSION BY (Spalte[, Spalte ...])
   MEASURES (Spalte[, Spalte ...])

Partition ::= PARTITION BY (Spalte[, Spalte ...])

Spalte ::= {Spaltenname | Ausdruck} [AS Alias]

Hauptmodell ::= [MAIN Modellname]
   Modellspalten [Optionen] Regeln

Regeln ::=
   [RULES [UPSERT | UPDATE]
      [{AUTOMATIC | SEQUENTIAL} ORDER]]
   [ITERATE (Zähler)
      [UNTIL (Endbedingung)]]
```

```
   (Regel[, Regel ...])

Regel ::= [UPSERT | UPDATE] Zellverweis
   [Reihenfolge] = Ausdruck

Zellverweis ::=
   Maß[Mehr-Spalten-for-Schleife
         |Dimensionsindizes]

Mehr-Spalten-for-Schleife ::=
   FOR (Dimension[, Dimension ...])
   IN (Dimensionswerte)

Dimensionswerte ::= (
   {Unterabfrage | Dimensionswert
   [, Dimensionswert ...]})

Dimensionswert ::= (Literal[, Literal ...])

Dimensionsindizes ::= Index[, Index ...]

Index ::= {Bedingung | Ausdruck
   |Ein-Spalten-for-Schleife}

Ein-Spalten-for-Schleife ::= FOR Dimension
   {in-for-Optionen | like-for-Optionen}

in-for-Optionen ::= IN ({Unterabfrage | Literal
   [, Literal ...]})

like-for-Optionen ::= [LIKE Muster]
   FROM Start-Literal TO End-Literal
   {INCREMENT | DECREMENT} Differenz-Literal

Reihenfolge ::= ORDER BY
   (Sortierspalte[, Sortierspalte ...])

Sortierspalte ::= {Ausdruck | Alias}
   [ASC | DESC] [NULLS FIRST | NULLS_LAST]
```

Die Parameter und Klauseln haben folgende Bedeutung:

{IGNORE | KEEP} NAV
: Gibt an, ob NULL-Werte oder fehlende Werte (NAV) als NULL-Werte (KEEP) bewahrt oder mit geeigneten Defaults (IGNORE) ersetzt werden. Diese Defaults sind: Null für numerische Typen,

1-Jan-2000 für Datumstypen, ein leerer String für Zeichentypen und NULL für alles andere.

UNIQUE {DIMENSION | SINGLE REFERENCE}
: Gibt den Geltungsbereich an, in dem die Datenbank sichert, dass ein bestimmter Zellverweis auf einen eindeutigen Datenwert verweist. Verwenden Sie DIMENSION, um zu fordern, dass jeder *mögliche* Zellverweis, egal ob er auf der linken oder der rechten Seite einer Regel steht, einen eindeutigen Wert repräsentiert. Verwenden Sie SINGLE REFERENCE, um diese Prüfung nur für die Zellverweise durchzuführen, die auf der rechten Seite einer Regel erscheinen.

RETURN {UPDATED | ALL} ROWS
: Gibt an, ob alle Zeilen oder nur die aktualisierten Zeilen von der Modellverarbeitung zurückgeliefert werden sollen.

Verweismodell
: Definiert ein Verweismodell, auf dem Sie keine Berechnungen durchführen können, das aber Werte enthält, die aus Ihrer Hauptabfrage referenzieren können.

Modellname ON (*Unterabfrage*)
: Gibt den Namen und die Zeilenquelle für ein Verweismodell an.

Alias
: Gibt einen Alias für eine Partition an.

DIMENSION BY (*Spalte*[, *Spalte* ...])
: Gibt die Dimensionen für ein Modell an. Werte aus diesen Spalten repräsentieren die Gruppe der Indexwerte, die verwendet werden, um die Zellen im mehrdimensionalen Adressraum zu identifizieren.

MEASURES (*Spalte*[, *Spalte* ...])
: Gibt die Werte an, die mit jeder eindeutigen Kombination von Dimensionen verknüpft sind (d.h. mit jeder Zelle des Modells).

PARTITION BY (*Spalte*[, *Spalte* ...])
: Teilt ein Modell auf Basis der angegebenen Spalten in unabhängige Partitionen auf. Verweismodelle können nicht partitioniert werden.

Hauptmodell

Repräsentiert das Modell, auf dem Sie Ihre Arbeit durchführen. Zeilen aus Ihrer SELECT-Anweisung werden in dieses Modell gepackt, Regeln werden angewandt, und die resultierenden Zeilen werden zurückgeliefert.

MAIN *Modellname*

Beginnt die Definition des Hauptmodells und gibt dem Modell dabei einen Namen.

RULES [UPSERT | UPDATE]

Gibt an, ob Regeln neue Zellen sowohl erstellen als auch vorhandene Zellen aktualisieren (UPSERT) oder nur vorhandene Zellen aktualisieren (UPDATE). Wenn Sie möchten, dass Ihr Modell in Ihrer Ergebnismenge neue Zeilen erstellen kann, sollten Sie UPSERT angeben. Das ist der Default. Sie können dieses Verhalten auch regelbasiert steuern; siehe *Regel* in der Syntax.

{AUTOMATIC | SEQUENTIAL} ORDER

Gibt an, ob der Optimizer ermitteln soll, in welcher Reihenfolge die Regeln ausgewertet werden (AUTOMATIC), oder ob die Regeln in der Reihenfolge ausgewertet werden sollen, in der Sie sie angegeben haben (SEQUENTIAL). Der Default ist SEQUENTIAL.

ITERATE (*Zähler*)

Fordert, dass die gesamte Regelmenge mehrfach – *Zähler*-mal – ausgewertet werden soll. Standardmäßig wird jede Regelmenge nur einmal ausgewertet.

UNTIL (*Endbedingung*)

Gibt eine Bedingung an, die, wenn sie eintrifft, dafür sorgt, dass die Wiederholung abgebrochen wird. Sie müssen trotzdem einen `Zähler` angeben. Das bietet ein gewisses Maß an Schutz vor Endlosschleifen.

Maß[...]

Referenziert eins der Maße, die in der MEASURES-Klausel aufgeführt werden. Wenn Sie ein Maß referenzieren, sind die eckigen Klammern ein Teil der Syntax. Sie müssen alle Dimensionen angeben, entweder über eine Unterabfrage oder indem Sie sie auflisten. Der spezifische Wert des Maßes, das mit diesen Dimensionen verknüpft ist, wird zurückgeliefert oder referenziert.

Mehr-Spalten-for-Schleife
: Iteriert eine for-Schleife auf einmal über mehrere Dimensionen. Die einfachste Möglichkeit, sich dies vorzustellen, ist, an eine Unterabfrage zu denken, in der jede Zeile eine bestimmte Kombination aus Dimensionen darstellt.

Dimensionsindizes
: Führt Werte aus Spalten oder Ausdrücken auf, die gemeinsam auf eine eindeutige Zelle im Modell verweisen.

Ein-Spalten-for-Schleife
: Iteriert eine for-Schleife über eine Dimension.

IN ({*Unterabfrage* | *Literal*[, *Literal* ...]})
: Gibt an, ob die Quelle der Werte für eine for-Schleife eine Unterabfrage oder eine Liste literaler Werte ist.

LIKE *Muster*
: Ermöglicht Ihnen, Dimensionswerte in ein Muster einzufügen. Verwenden Sie ein Prozentzeichen, um die Stelle zu markieren, an der die Dimensionswerte eingefügt werden sollen. Verwenden Sie beispielsweise `FOR x LIKE 'A%B' FROM 1 TO 3 INCREMENT 1`, um Werte wie `'A1B', 'A2B', 'A3B'` zu erzeugen.

FROM *Start-Literal* TO *End-Literal*
{INCREMENT | DECREMENT} *Differenz-Literal*
: Definiert die Start- und Endwerte für eine Schleife und den Unterschied zwischen den aufeinander folgenden Werten, während die Schleife vom Start- zum Endwert läuft.

ORDER BY (*Sortierspalte*[, *Sortierspalte* ...])
: Stellt eine Auswertungsreihenfolge in Bezug auf die Zellen auf, die von der linken Seite einer Regel referenziert werden. Verwenden Sie diese Klausel, wenn Sie möchten, dass die Regeln in einer bestimmten Reihenfolge auf die Zellen angewandt werden. Andernfalls können Sie nicht sicher sein, in welcher Abfolge die Regel auf die Zellen angewandt wird, die sie betrifft.

MODEL-Klausel-Funktionen

Hier finden Sie eine Liste mit Funktionen, die speziell zur Verwendung mit der MODEL-Klausel entworfen wurden:

CV( ) oder CV(*Dimensionsspalte*)
: Liefert den aktuellen Wert einer Dimensionsspalte zurück. Kann in einer Regel nur auf der rechten Seite des Ausdrucks verwendet werden. Wenn die Form CV( ) verwendet wird, wird die Dimensionsspalte implizit auf Basis der Position ermittelt, die der Funktionsaufruf in der Liste der Dimensionswerte einnimmt.

PRESENTNNV(*Maß*[*Dimension*, *Dimension* ...], *Nicht-NULL*, *War-NULL*)
: Liefert entweder *Nicht-NULL* oder *War-NULL* zurück, je nachdem, ob das angegebene Maß NULL war oder nicht, als die Modellverarbeitung begann. Diese Funktion kann nur auf der rechten Seite eines Ausdrucks verwendet werden.

PRESENTV(*Maß*[*Dimension*, *Dimension* ...], *War_vorhanden*, *War_nicht_vorhanden*)
: Liefert entweder *War_vorhanden* oder *War_nicht-vorhanden* zurück, je nachdem, ob das angegebene Maß existierte, als die Modellverarbeitung begann. Diese Funktion kann nur auf der rechten Seite eines Ausdrucks verwendet werden. Beachten Sie, dass es zwei vollkommen unterschiedliche Sachen sind, ob ein Maß vorhanden oder ob es NULL war.

ITERATION_NUMBER
: Liefert beim ersten Durchlauf durch die Regeln 0 zurück, beim zweiten 1 und so weiter. Das ist nützlich, wenn Sie auf Basis der Anzahl von Iterationen Basis-Regelberechnungen durchführen möchten.

MODEL-Klausel-Beispiel

Die folgende SELECT-Anweisung ruft alle `project_hours`-Zeilen für den Monat August 2005 ab:

```
SELECT project_id p_id, employee_id e_id,
       dollars_charged dollars,
       time_log_date log_date
FROM project_hours
WHERE time_log_date >=
         TO_DATE('1-Aug-2005','dd-mon-yyyy')
  AND time_log_date <
         TO_DATE('1-Sep-2005','dd-mon-yyyy')
ORDER BY project_id, employee_id, time_log_date;
```

Sie können ihr folgendermaßen eine MODEL-Klausel hinzufügen:

```
SELECT pid p_id, eid e_id,
       dc dollars,
       tld log_date
FROM project_hours
WHERE time_log_date >=
         TO_DATE('1-Aug-2005','dd-mon-yyyy')
  AND time_log_date <
         TO_DATE('1-Sep-2005','dd-mon-yyyy')
MODEL
   DIMENSION BY (project_id pid,
      employee_id eid, time_log_date tld)
   MEASURES (dollars_charged dc)
   RULES ()
ORDER BY pid, eid, tld;
```

Die RULES-Klausel in diesem Beispiel ist leer, damit die MODEL-Klausel das Ergebnis nicht beeinflusst. Beachten Sie jedoch, dass die MODEL-Klausel den betroffenen Spalten Aliasnamen gibt und dass Sie diese Aliase in der SELECT-Liste und der ORDER BY-Klausel verwenden müssen.

Die folgende MODEL-Klausel partitioniert anhand von `project_id` und `employee_id` und erzeugt so ein separates Modell für jede Kombination aus Projekt und Angestelltem.

```
SELECT pid p_id, eid e_id,
       dc dollars,
       tld log_date
FROM project_hours
WHERE time_log_date >=
         TO_DATE('1-Aug-2005','dd-mon-yyyy')
  AND time_log_date <
         TO_DATE('1-Sep-2005','dd-mon-yyyy')
```

```
MODEL
   PARTITION BY (project_id pid, employee_id eid)
   DIMENSION BY (time_log_date tld)
   MEASURES (dollars_charged dc)
   RULES ( )
ORDER BY pid, eid, tld;
```

Die folgende MODEL-Klausel verwendet zwei Regeln, um die Daten so zu verdichten und zu sichern, dass jede Kombination aus Angestelltem und Projekt für jeden Tag des Monats August 2005 durch eine Zeile wiedergegeben wird. Alle Regeln werden auf alle Partitionen angewandt.

```
SELECT pid p_id, eid e_id,
       dc dollars,
       tld log_date
FROM project_hours
WHERE time_log_date >=
         TO_DATE('1-Aug-2005','dd-mon-yyyy')
  AND time_log_date <
         TO_DATE('1-Sep-2005','dd-mon-yyyy')
MODEL
   PARTITION BY (project_id pid, employee_id eid)
   DIMENSION BY (
      EXTRACT(DAY FROM time_log_date) dy)
   MEASURES (dollars_charged dc, time_log_date tld)
   RULES (
      dc[FOR dy FROM 1 TO 31 INCREMENT 1]
         = PRESENTV(dc[CV()], dc[CV( )], 0),
      tld[FOR dy FROM 1 TO 31 INCREMENT 1]
         = DATE '2005-08-01' + CV(dy) - 1
   )
ORDER BY pid, eid, tld;
```

Das hier vorgeführte Problem der Datenverdichtung entspricht dem, was Sie weiter oben unter »Auswahl von Daten« im Unterabschnitt »Partition Outer Joins« kennen gelernt haben.

TIPP

Ein aus der Praxis stammendes Beispiel dafür, wie MODEL in manchen Fällen eingesetzt werden kann, um die Leistung zu verbessern, finden Sie in Anthony Molinaros Artikel unter *http://www.oreillynet.com/pub/a/network/2004/08/10/MODELclause.html*. Eine ausführlichere Diskussion der MODEL-Syntax finden Sie in meinem Artikel im *Oracle Magazine*: *http://www.oracle.com/technology/oramag/oracle/04-jan/o14tech_sql.html*. Oder werfen Sie einen Blick in die Oracle Database 10*g* *SQL Reference*.

Einfügen von Daten

Um neue Zeilen in eine Tabelle einzufügen, verwendet man die Anweisung INSERT. In Oracle9*i* Database und höher können Sie Direct-Path-Inserts und Multitable Inserts auszuführen. Für die Beispiele in diesem Abschnitt wurde der Tabelle COURSE eine Spalte hinzugefügt, die bereits im Abschnitt über Tabellenverknüpfungen in Oracle9*i* und höher erwähnt wurde:

```
ALTER TABLE COURSE ADD (
   course_hours NUMBER DEFAULT 4);
```

Einfügen einer Zeile

Um in eine Tabelle eine Zeile einzufügen, gibt man die Liste der Spalten an, für die man einen Wert einfügen möchte und verwendet die Klausel VALUES, um diese Werte für die Spalten in der Liste zu definieren:

```
INSERT INTO COURSE (course_name, period, course_hours)
VALUES ('Französisch I', 5, DEFAULT);
```

Das Schlüsselwort DEFAULT ist neu in Oracle9*i* Database und wird dazu verwendet, explizit den Standardwert für die Spalte `course_hours` anzufordern. Außerdem kann man das Schlüsselwort NULL angeben, das in sämtlichen Oracle-Versionen existiert, um einen NULL-Wert in eine Spalte einzufügen.

Man kann die Spaltenliste auch weglassen, falls man für jede Spalte in der Tabelle einen Wert angibt und diese Werte in der gleichen Reihenfolge aufgeführt werden, in der die Spalten der Tabelle bei einem DESCRIBE aufgelistet werden:

```
INSERT INTO COURSE
VALUES ('Französisch I', 5, DEFAULT);
```

Diese Abkürzung empfehle ich nicht, es sei denn, man gibt die Abfrage interaktiv ein. Es ist sicherer, die Spaltennamen anzugeben.

Einfügen der Resultate einer Abfrage

Man verwendet die Syntax INSERT...SELECT...FROM, um die Resultate einer Abfrage in eine Tabelle einzufügen. Zum Beispiel fügt die folgende INSERT-Anweisung eine neue Zeile in die Tabelle COURSE ein, wenn der Kurs, für den sich die Studenten angemeldet haben, noch nicht registriert ist:

```
INSERT INTO COURSE (course_name, period)
SELECT DISTINCT course_name, period
FROM enrollment e
WHERE NOT EXISTS (
   SELECT *
   FROM course c
   WHERE c.course_name = e.course_name
     AND c.period = e.period
   );
```

Wenn Sie mit INSERT...SELECT...FROM eine Tabelle mit sehr vielen Zeilen füllen, kann die Geschwindigkeit über eine *direkte Pfadangabe* deutlich verbessert werden. Dazu verwenden Sie den Hint APPEND (siehe »Verwenden von Optimizer-Hints« weiter hinten in diesem Buch). Ein Einfügen über einen direkten Pfad funktioniert ähnlich wie ein Laden mittels direktem Pfad: Der Puffer-Cache der Datenbank wird umgangen, und die Daten werden direkt in neue Extents der Datafiles geschrieben.

Multitable Inserts (Oracle9i und höher)

Multitable Inserts sind neu in Oracle9*i* Database. Diese ermöglichen es, die Ergebnisse einer SELECT-Abfrage in mehrere Tabellen gleichzeitig einzufügen. Um die Zeilen bei der INSERT-Anweisung den richtigen Tabellen zuzuordnen, werden WHEN-Klauseln eingesetzt.

Die folgende INSERT-Anweisung verwendet die Multitable-Insert-Funktionalität von Oracle9*i* Database:

- Füge Kurse für Unterrichtsstunde 6 in die Tabelle namens COURSE_6 ein.
- Füge Kurse für Unterrichtsstunde 3 in die Tabelle namens COURSE_3 ein.
- Füge alle übrigen Kurse in die Tabelle COURSE_OTHER ein.

```
INSERT ALL
WHEN (period=6) THEN
   INTO course_6 (course_name, period)
        values(course_name, period)
WHEN (period=3) THEN
   INTO course_3 (course_name, period)
        values(course_name, period)
ELSE
   INTO course_other (course_name, period)
        values(course_name, period)
SELECT course_name, period
FROM course;
```

Das Schlüsselwort ALL veranlasst Oracle, jede von der SELECT-Abfrage zurückgelieferte Zeile mit jeder WHEN-Klausel zu vergleichen. Falls eine Zeile mehr als einer WHEN-Klausel genügt, wird diese in mehr als eine Tabelle eingefügt. Das Schlüsselwort FIRST beschränkt das Einfügen auf die erste übereinstimmende WHEN-Klausel.

Die vorherige INSERT-Anweisung zeigt einen *eingeschränkten* Multitable Insert. Verwenden Sie einen *uneingeschränkten* Multitable Insert, um jede angegebene INTO-Klausel auszuführen:

```
INSERT ALL
   INTO courses_taken (course_name)
        values (course_name)
   INTO students_registered (student_name)
        values (student_name)
SELECT course_name, student_name
FROM enrollment;
```

Wichtig für Sie zu wissen ist, dass es egal ist, ob man einen uneingeschränkten oder eingeschränkten Multitable Insert ausführt: Die Zieltabellen für die INTO-Klauseln müssen nicht identisch sein.

Aktualisieren von Daten

Mit der Anweisung UPDATE werden Spaltenwerte in vorhandenen Tabellenzeilen geändert.

Einfache Updates

Eine einfache UPDATE-Anweisung sieht wie folgt aus:

```
UPDATE table_name
SET column_name = new_value,
    column_name = new_value,
    column_name = new_value,
    ...
WHERE selection_criteria;
```

Zum Beispiel korrigiert die folgende Anweisung ein kleines Problem bei einem Kursnamen. Sie ändert im Namen eine »1« (Zahl) in ein »I« (Buchstabe) um:

```
UPDATE course
SET course_name = 'Spanisch I'
WHERE course_name = 'Spanisch 1';
```

Bei Aktualisierungen müssen Sie vorsichtig sein. Vergessen Sie die WHERE-Klausel, werden *alle* Zeilen in der Tabelle geändert.

Nicht-korrelierte Unterabfragen in der SET-Klausel

An Stelle der Angabe eines neuen Werts in der SET-Klausel für eine Spalte kann man eine Unterabfrage angeben, die exakt einen Wert (eine Spalte, eine Zeile) zurückliefert. Dieser Wert wird dann der neue Spaltenwert, zum Beispiel:

```
UPDATE enrollment
SET period = (
       SELECT period
       FROM course
       WHERE course_name = 'Englisch II'),
    course_name = (
       SELECT course_name
       FROM course
```

```
        WHERE course_name = 'Englisch II'),
    WHERE course_name = 'Englisch II';
```

Es ist wenig sinnvoll, die Spalten PERIOD und COURSE_NAME über eine Unterabfrage auf ihre aktuellen Werte zu setzen. Hier galt es nur zu zeigen, dass man mehr als eine Unterabfrage in einer UPDATE-Anweisung verwenden kann.

Korrelierte Unterabfragen in der SET-Klausel

Unterabfragen in UPDATE-Anweisungen sind meist sehr nützlich, wenn diese korreliert sind. Eine *korrelierte Unterabfrage* liegt dann vor, wenn die zurückgelieferte Zeile von der aktuell geänderten Zeile abhängt. Zum Beispiel verwendet die folgende UPDATE-Anweisung eine korrelierte Unterabfrage, um alle Termine in der Tabelle ENROLLMENT auf Werte aus der Tabelle COURSE zurückzusetzen:

```
UPDATE enrollment e
SET period = (
       SELECT MIN(period)
       FROM course c
       WHERE c.course_name = e.course_name);
```

Beachten Sie die Aliasnamen *c* und *e* für die Tabellen, um die Spaltennamen in der WHERE-Klausel anzugeben. Ich habe in diesem Fall die Funktion MIN verwendet, da einige Kurse (Spanisch I zum Beispiel) mehrmals angeboten werden.

Beim Einsatz von korrelierten Unterabfragen können Sie in der SET-Klausel mehrere Spalten angeben; diese müssen dann jedoch in Klammern gesetzt werden:

```
UPDATE enrollment e
SET (course_name, period) = (
       SELECT course_name, period
       FROM course c
       WHERE c.course_name = e.course_name
         AND c.period = e.period);
```

Diese UPDATE-Anweisung, die nur als anschauliches Beispiel dient, verwendet eine Unterabfrage, um die Werte für `course_name` und `period` zu setzen.

Löschen von Daten

Die Anweisung DELETE dient dazu, um Zeilen in einer Tabelle zu löschen.

Einfache Deletes

Eine einfache DELETE-Anweisung sieht wie folgt aus:

```
DELETE FROM table_name
WHERE selection_criteria
```

Alle Zeilen, die dem Auswahlkriterium genügen, werden gelöscht. Um die sechste Unterrichtsstunde des Kurses »Spanisch I« zu löschen, gibt man Folgendes an:

```
DELETE FROM course
WHERE course_name = 'Spanisch I'
  AND period = 6;
```

Mit DELETE-Anweisungen sollten Sie vorsichtig sein. Falls die WHERE-Klausel aus Versehen fehlt, werden alle Zeilen der Tabelle gelöscht.

Löschen aller Zeilen (TRUNCATE)

Alle Zeilen einer Tabelle können durch ein DELETE ohne WHERE-Klausel gelöscht werden:

```
DELETE FROM course;
```

Das Löschen aller Zeilen auf diese Weise hat seinen Preis, denn alles muss in die Datenbank-Redo-Logs geschrieben werden, wobei im Fall eines Rollbacks in der Transaktion zusätzlich auch noch eine Kopie jeder Zeile in ein Rollback-Segment (oder in ein Undo-Tablespace) geschrieben werden muss. Effizienter wird das Löschen aller Tabellenzeilen mit der Anweisung TRUNCATE durchgeführt:

```
TRUNCATE TABLE course;
```

Die Anweisung TRUNCATE verlangt nur einen kleinen Eintrag im Datenbank-Redo-Log und erzeugt keine Rollback- oder Undo-Daten. Daher ist ein Truncate auf eine Tabelle schneller als ein

Löschen aller Zeilen mittels einer DELETE-Anweisung. Denken Sie allerdings daran, dass bei einer TRUNCATE-Anweisung kein Rollback möglich. Nach dem Aufruf sind die Daten in der Tabelle unwiederbringlich gelöscht.

Standardmäßig gibt TRUNCATE sämtliche Extents, die der Tabelle zugewiesen sind, frei. Falls Sie es wünschen, können Sie die Extents für den späteren Gebrauch speichern:

```
TRUNCATE TABLE course REUSE STORAGE;
```

Dies setzt die High-Water-Mark der Tabelle zurück, so dass diese keine Zeilen mehr enthält. Alle vorhandenen Extents für die Tabelle bleiben jedoch allokiert. Das Speichern der Extents kann Ihnen dann helfen, wenn Sie die Tabelle erneut laden möchten.

Löschen doppelter Zeilen

Manchmal ist es notwendig, »doppelte« Zeilen aus einer Tabelle zu löschen. Diese Anforderung taucht öfter in Testumgebungen als in Produktionsumgebungen auf. Eine Möglichkeit, doppelte Zeilen zu löschen, ist, willkürlich alle Zeilen bis auf die mit dem kleinsten ROWID-Wert zu löschen:

```
DELETE FROM course
WHERE ROWID NOT IN (
   SELECT MIN(ROWID)
   FROM course
   GROUP BY course_name, period);
```

Die Klausel GROUP BY in der Unterabfrage definiert »doppelt« als zwei Zeilen mit dem gleichen Kursnamen und der gleichen Unterrichtsstunde. Die Unterabfrage liefert eine Liste von ROWID-Werten zurück, in der jeder Wert den kleinsten ROWID-Wert für eine Kombination aus Kursnamen und Unterrichtsstunde darstellt. Diese Zeilen bleiben dann erhalten. Die Angabe von NOT IN löscht dann alle übrigen Zeilen.

Zusammenfügen von Daten (Oracle9i und höher)

Ein gängiges Datenverarbeitungsproblem besteht darin zu entscheiden, ob für bestimmte Daten eine neue Zeile in eine Tabelle eingefügt oder eine vorhandene Zeile aktualisiert werden soll, um dann eine geeignete INSERT- oder UPDATE-Anweisung auszuführen. Bisher war dies immer ein Zwei-Stufen-Prozess, der zwei Datenbankzugriffe benötigte. Neu in Oracle9*i* Database ist die Anweisung MERGE, die das Einfügen oder Aktualisieren deutlich vereinfacht.

Die allgemeine Form der MERGE-Anweisung lautet wie folgt:

```
MERGE INTO table
USING data_source
ON (condition)
WHEN MATCHED THEN update_clause
WHEN NOT MATCHED THEN insert_clause;
```

Bei dieser Syntax kann *data_source* eine Tabelle, ein View oder eine Abfrage sein. Die Bedingung in der Klausel ON regelt, ob Oracle für die Zeile ein Insert oder Update in der Zieltabelle durchführen soll.

TIPP

Ab Oracle Database 10g müssen Sie die Klauseln WHEN MATCHED und WHEN NOT MATCHED nicht mehr beide angeben.

Hier ein Beispiel für eine MERGE-Anweisung:

```
MERGE INTO course c
USING (SELECT course_name, period, course_hours
   FROM course_updates) cu
ON (c.course_name = cu.course_name
    AND c.period = cu.period)
WHEN MATCHED THEN
   UPDATE
   SET c.course_hours = cu.course_hours
WHEN NOT MATCHED THEN
```

```
INSERT (c.course_name, c.period,
        c.course_hours)
VALUES (cu.course_name, cu.period,
        cu.course_hours);
```

Wenn diese Anweisung ausgeführt wird, liest Oracle jede Zeile aus der Abfrage mittels der Klausel USING und untersucht die Bedingung in der Klausel ON. Falls die Bedingung in der ON-Klausel TRUE ergibt, erfolgt ein Update auf die Spalte COURSE_HOURS. Ansonsten wird die Zeile als neu angesehen und in die Tabelle COURSE eingefügt.

Das folgende Beispiel verdeutlicht den Effekt der MERGE-Anweisung auf Daten in der Tabelle COURSE:

```
SQL> SELECT * FROM course;

COURSE_NAME          PERIOD COURSE_HOURS
-------------- --------- -----------
Spanisch I                1
U.S. Geschichte           3
Englisch II               4
Französisch I             5            4

SQL> SELECT * FROM course_updates;

COURSE_NAME          PERIOD COURSE_HOURS
-------------- --------- -----------
Spanisch I                1            3
U.S. Geschichte           3            3
Englisch II               4            3
Französisch I             5            3
Aussprache                6            2
Geografie                 2            3

SQL> MERGE INTO course c
USING (SELECT course_name, period,
       course_hours
       FROM course_updates) cu
ON (c.course_name = cu.course_name
    AND c.period = cu.period)
WHEN MATCHED THEN
   UPDATE
   SET c.course_hours = cu.course_hours
WHEN NOT MATCHED THEN
```

```
    INSERT (c.course_name, c.period,
            c.course_hours)
    VALUES (cu.course_name, cu.period,
            cu.course_hours);
6 rows merged.

SQL> SELECT * FROM course;

COURSE_NAME          PERIOD COURSE_HOURS
-------------- ---------- -----------
Spanisch I                1            3
U.S. Geschichte           3            3
Englisch II               4            3
Französisch I             5            3
Aussprache                6            2
Geografie                 2            3
```

Beachten Sie, dass in der Tabelle COURSE die Werte von COURSE_HOURS in vier Zeilen aktualisiert sowie zwei neue Zeilen hinzugefügt wurden, und dies alles auf Grund einer einzigen Anweisung.

Oracle Database 10g führt eine neue DELETE-Unterklausel ein, mit der Sie Zeilen aus der Zieltabelle auf Basis von Bedingungen löschen können, die eintreten, nachdem eventuelle Aktualisierungen erfolgt sind, zum Beispiel:

```
MERGE INTO course c
USING (SELECT course_name, period,
       course_hours
   FROM course_updates) cu
ON (c.course_name = cu.course_name
    AND c.period = cu.period)
WHEN MATCHED THEN
   UPDATE
   SET c.course_hours = cu.course_hours
   DELETE WHERE c.course_hours >= 3
WHEN NOT MATCHED THEN
   INSERT (c.course_name, c.period,
           c.course_hours)
   VALUES (cu.course_name, cu.period,
           cu.course_hours);
```

Führen Sie diese Anweisungen auf den Tabellen COURSE und COURSE_UPDATES aus, die weiter oben in diesem Abschnitt vorgestellt wurden, sehen die endgültigen Ergebnisse wie folgt aus:

```
SQL> SELECT * FROM course;

COURSE_NAME              PERIOD COURSE_HOURS
--------------- ---------- ------------
Aussprache                   6            2
Geografie                    2            3
```

Die DELETE-Klausel (die in der vorangehenden MERGE-Anweisung hervorgehoben wurde) löscht alle Kurse, die, *nachdem sie aktualisiert wurden*, für mehr als drei Kursstunden stehen. Das DELETE betrifft nur Zeilen, die von der MERGE-Anweisung *aktualisiert* wurden. Der Geografiekurs wird nicht gelöscht, weil er von der MERGE-Anweisung *eingefügt* wurde. Gleichermaßen werden auch Zeilen, die bereits in der Zieltabelle vorhanden waren und von der MERGE-Anweisung nicht betroffen sind, von der DELETE-Operation nicht beachtet.

Transaktionssteuerung

Oracle implementiert verschiedene Anweisungen, um Transaktionen zu steuern. Standardmäßig beginnt eine Transaktion immer dann, wenn die erste SQL-Anweisung ausgeführt wird. Nach dem Beginn einer Transaktion kann diese wie folgt beendet werden:

- Ausführen von COMMIT.
- Ausführen von ROLLBACK.
- Aufrufen einer DDL-Anweisung.

DDL-Anweisungen (wie z.B. die Anweisungen ALTER oder CREATE) stellen hier eine Besonderheit dar, da diese implizit jede offene Transaktion beenden. Daher ist es möglich, bei einer DDL-Anweisung die Transaktion mit derselben Anweisung zu starten und zu beenden.

SET TRANSACTION

SET TRANSACTION wird verwendet, um explizit eine Transaktion zu starten, falls Sie bestimmte Transaktionsattribute wie etwa den Isolationsgrad gezielt setzen möchten.

```
SET TRANSACTION [Attribut [,Attribut...]
    NAME 'Transaktionsname';

Attribut :=
    {READ {ONLY | WRITE}
    | ISOLATION LEVEL {SERIALIZABLE | READ COMMITTED}
    | USE ROLLBACK SEGMENT Segmentname }
```

Der Isolationsgrad READ COMMITTED ist die Standardeinstellung in Oracle. Diese erlaubt es, etwaige Änderungen in anderen Transaktionen dann sichtbar zu machen, wenn ein Commit erfolgt. Der Isolationsgrad SERIALIZABLE ist diesbezüglich einschränkender. Mit SERIALIZABLE kann man keine Daten ändern, die durch einen anderen Benutzer geändert, jedoch vor Beginn der eigenen Transaktion noch nicht gespeichert wurden. SERIALIZABLE gibt außerdem eine konsistente Sicht auf die Daten. Man wird nach Transaktionsbeginn keine von anderen Benutzern gespeicherten Änderungen sehen. Die folgende Anweisung zeigt eine serialisierbare Transaktion:

```
SET TRANSACTION
   ISOLATION LEVEL SERIALIZABLE
   NAME 'Jonathans Transaktion';
```

READ ONLY-Transaktionen erlauben Abfragen, jedoch keine Änderungen von Daten und sie ermöglichen Lesekonsistenz. Während einer READ ONLY-Transaktion sieht man keine von anderen Benutzern gespeicherten Änderungen.

Mittels der Klausel USE ROLLBACK SEGMENT ist es möglich, einer Transaktion ein bestimmtes Rollback-Segment zuzuordnen. Dies ist speziell bei umfangreichen Transaktionen hilfreich, da man solchen Transaktionen auch ein entsprechend großes Rollback-Segment zuweisen kann, beispielsweise:

```
SET TRANSACTION
   USE ROLLBACK SEGMENT large_batch;
```

SAVEPOINT

SAVEPOINT erlaubt es, in einer Transaktion eine benannte Stelle zu setzen, von der ab bei Bedarf ein Rollback möglich ist.

```
SAVEPOINT Savepoint-Name;
```

COMMIT

COMMIT beendet eine Transaktion und speichert alle Änderungen während der Transaktion.

```
COMMIT [WORK]
   [COMMENT 'Text'
   |FORCE 'Text'[, System-Änderungsnummer]];
```

WORK wird dabei gewöhnlich nicht angegeben. Die Klausel COMMENT erlaubt die Verknüpfung eines Kommentars mit einer verteilten Transaktion. Der Kommentar der Transaktion wird dann über den Data-Dictionary-View DBA_2PC_PENDING sichtbar. Mit der Klausel FORCE kann man manuell ein Commit für eine verteilte Transaktion erzwingen.

ROLLBACK

ROLLBACK wird normalerweise dazu verwendet, eine Transaktion zu beenden und alle Änderungen während der Transaktion rückgängig zu machen. Damit können jedoch auch Änderungen bis zu einem bestimmten Savepoint zurückgesetzt werden:

```
ROLLBACK [WORK]
   [TO [SAVEPOINT] Savepoint-Name
   |FORCE 'Text'];
```

Wie bei COMMIT wird WORK auch hier selten verwendet. Mit der Klausel FORCE kann man ein Rollback für eine verteilte Transaktion erzwingen. Ein Rollback zu einem bestimmten Savepoint führt man mittels TO *Savepoint-Name* durch.

Formatierung von Berichten

SQL*Plus-Berichte sind gewöhnlich spaltenorientiert. Das Programm ermöglicht es, Spaltenüberschriften und Anzeigeformate für jede Spalte in einem Report zu definieren. Genauso können auch Seitenköpfe und Fußzeilen, Seiten- und Zeilenumbrüche sowie Summenberechnungen wie Gesamt- und Teilsummen festgelegt werden.

Spaltenüberschriften

Mittels der Klausel HEADING im Befehl COLUMN werden Spaltenüberschriften definiert:

```
COLUMN employee_name HEADING "Angestelltenname"
```

Sie können entweder einfache oder doppelte Anführungszeichen verwenden, um den Überschriftstext einzuschließen. Die resultierende Überschrift wird dann wie folgt aussehen:

```
Angestelltenname
----------------
```

Soll eine Überschrift über mehrere Zeilen hinweg angegeben werden, verwenden Sie den senkrechten Strich (|), um die Position des Zeilenumbruchs zu markieren, zum Beispiel:

```
COLUMN employee_name HEADING "Angestellten-|Name"
```

Die resultierende Mehrzeilenüberschrift wird wie folgt aussehen:

```
Angestellten-
Name
-------------
```

Überschriften von Textspalten sind linksbündig, Überschriften von numerischen Spalten hingegen rechtsbündig. Mit der Klausel JUSTIFY kann dieses Verhalten geändert werden:

```
COLUMN employee_name HEADING "Angestellten-|Name" -
   JUSTIFY RIGHT
COLUMN employee_name HEADING "Angestellten-|Name" -
   JUSTIFY CENTER
```

Mit SET HEADSEP wird das Zeilenumbruch-Zeichen in ein anderes als den Vertikalstrich geändert. SET UNDERLINE ändert das Unterstrich-Zeichen in ein anderes Zeichen als den Bindestrich um.

Spaltenformate

Anzeigeformate werden mit der Klausel FORMAT im Befehl COLUMN definiert. Formatangaben von numerischen Feldern können sehr detailliert angegeben werden: Angabe der Länge, der Zahl der Dezimalstellen sowie das Format der Dezimaldarstellung. Bei

Text- und Datumsfeldern können Spaltenbreite und Zeilenumbruch kontrolliert werden. Der spätere Abschnitt »SQL*Plus-Formatelemente« erläutert, wie verschiedene Datentypen formatiert werden können.

Seitenbreite und -länge

Die Seitenbreite wird durch den Befehl SET LINESIZE angegeben. Standardmäßig beträgt diese Breite 80 Zeichen. Geändert wird sie – auf 60 Zeichen zum Beispiel – durch diesen Befehl:

```
SET LINESIZE 60
```

Sie können die Einstellung LINESIZE einsetzen, um Seitenüberschriften und Fußzeilen zu zentrieren und rechtsbündig darzustellen.

Die Seitenlänge wird durch die Anweisung SET PAGESIZE kontrolliert. Standardmäßig ist eine Länge von 24 Zeilen pro Seite eingestellt (Seitenüberschrift und Fußzeilen eingeschlossen). Der folgende Befehl ändert die Seitenlänge auf 50 Zeilen:

```
SET PAGESIZE 50
```

Wird SET MARKUP HTML ON verwendet, um eine Ausgabe in HTML zu erzeugen, legt PAGESIZE fest, wie viele Tabellenzeilen angezeigt werden, bevor die Spaltenköpfe wiederholt werden. Die Tabellenzeilen können dabei als eine oder mehrere physische Zeilen dargestellt werden. Dies ist von der Größe des Browser-Fensters abhängig.

Das Setzen von PAGESIZE auf Null hat in SQL*Plus eine besondere Bedeutung. Eine PAGESIZE von Null verhindert die Anzeige von Seitenüberschriften, Fußzeilen und Spaltenüberschriften. Die Seiteneinteilung wird abgeschaltet.

Seitenüberschriften und Fußzeilen

Seitenüberschriften und Fußzeilen können über die Befehle TTITLE und BTITLE definiert werden. TTITLE (Top Title) definiert die Seitenüberschrift, BTITLE (Bottom Title) die Fußzeilen. Die Syntax ist für beide identisch.

Definition einer Überschrift

Das folgende Beispiel definiert eine Mehrzeilen-Seitenüberschrift mit dem Firmennamen auf der linken und der Seitenzahl auf der rechten Seite:

```
TTITLE LEFT "Meine Firma" CENTER "Aktuelle" -
RIGHT "Seite" FORMAT 999 SQL.PNO SKIP 1 -
CENTER "Angestelltenliste" SKIP 4
```

Das Ergebnis sieht wie folgt aus:

```
Meine Firma        Aktuelle        Seite   1
              Angestelltenliste
```

Die abschließende SKIP-Klausel erzeugt drei Leerzeilen zwischen dem Seitenkopf und den Spaltenüberschriften. Diese Klauseln sind auch für den Befehl BTITLE möglich, um Fußzeilen zu definieren.

Einfügen des Datums in die Überschrift

Um das aktuelle Datum in die Überschrift einzufügen, müssen Sie:

1. das Datum in eine Benutzervariable kopieren und
2. die Benutzervariable in den Befehl BTITLE oder TTITLE platzieren.

Die folgenden Anweisungen können in einem SQL*Plus-Skript verwendet werden, um das aktuelle Datum in eine Benutzervariable zu kopieren:

```
SET TERMOUT OFF
COLUMN curdate NEW_VALUE report_date
SELECT TO_CHAR(SYSDATE,'dd-Mon-yyyy') curdate
   FROM DUAL;
SET TERMOUT ON
```

Nach Ausführung der gezeigten Befehle steht das Datum in der benutzerdefinierten Variablen REPORT_DATE zur Verfügung. Der folgende Befehl fügt diesen Wert in die Fußzeile ein:

```
BTITLE LEFT "Report-Datum: " report_date
```

Sie können diese Technik auch verwenden, um andere Werte aus der Datenbank zu erhalten und entweder in die Seitenüberschrift oder in die Fußzeilen einzufügen.

Seitenumbrüche

Standardmäßig fügt SQL*Plus eine Leerzeile zwischen jede ausgegebene Seite ein. Diese Leerzeile, die dem Parameter PAGESIZE hinzugefügt wird, muss der physikalischen Größe der Druckerseite entsprechen.

Der Befehl SET PAGESIZE legt die Anzahl der Zeilen fest, die SQL*Plus auf einer Seite ausgibt. SET NEWPAGE bestimmt, wie sich SQL*Plus verhält, wenn ein Seitenumbruch stattfindet. Die Anzahl der Leerzeilen zwischen den Seiten kann mit der folgenden Anweisung gesetzt werden:

```
SET NEWPAGE 10
```

Durch das Setzen von NEWPAGE auf Null wird in SQL*Plus ein Seitenvorschub-Zeichen eingefügt, zum Beispiel:

```
SET NEWPAGE 0
```

Die neueren Versionen von SQL*Plus erlauben SET NEWPAGE NONE, wodurch sowohl Leerzeilen als auch Seitenvorschub-Zeichen zwischen den Seiten entfernt werden.

Report-Umbrüche

Die Anweisungen BREAK und COMPUTE definieren die Umbrüche und Gesamtsummen in einem Report. BREAK kann außerdem die Darstellung mehrfacher Spaltenwerte unterbinden.

Die BREAK-Anweisung

Um die Wiederholung von Spaltenwerten zu unterbinden, wird die Anweisung BREAK verwendet, wie das folgende Beispiel zeigt:

```
SQL> BREAK ON owner

SQL> SELECT owner, table_name
  2     FROM all_tables
  3  ORDER BY owner, table_name;
```

```
OWNER      TABLE_NAME
========== ===============
CTXSYS     DR$CLASS
           DR$DELETE
           DR$INDEX
DEMO       CUSTOMER
           DEPARTMENT
           EMPLOYEE
```

Wenn eine Spalte in der BREAK-Anweisung aufgelistet wird, druckt SQL*Plus den Wert nur dann, wenn dieser sich ändert. Dabei ist es sehr wichtig, dass die Abfrageresultate auf derselben Spalte sortiert werden.

Die BREAK-Anweisung kann weiterhin dazu verwendet werden, Zeilen zu überspringen oder eine Seite zu umbrechen, wenn sich ein Wert ändert, zum Beispiel:

```
BREAK ON owner SKIP 1
BREAK ON owner SKIP PAGE
```

Der erste Befehl erzeugt immer dann eine Leerzeile, wenn sich der Wert für *owner* ändert. Der zweite erzeugt in diesem Fall eine neue Seite.

Für einen Report können mehrfache Umbrüche definiert werden, doch dies geschieht meist in einem Befehl. Das folgende Beispiel erzeugt einen Seitenumbruch, wenn sich der Wert von *owner* ändert, und eine Leerzeile, wenn sich der Objekttyp ändert:

```
BREAK ON owner SKIP PAGE ON object_type SKIP 1
SELECT owner, object_type, object_name
   FROM dba_objects
ORDER BY owner, object_type, object_name;
```

Bevor die Umbrüche für eine Spalte ausgeführt werden, führt SQL*Plus zunächst die Umbrüche für alle inneren Spalten aus. In diesem Fall führt eine Änderung des Felds *owner* dazu, dass zunächst eine Leerzeile und *dann* ein Seitenumbruch erzeugt wird.

Die COMPUTE-Anweisung

Der Befehl COMPUTE weist SQL*Plus an, Gesamtsummen für eine Gruppe von Datenzeilen zu berechnen. COMPUTE wird immer zusammen mit BREAK verwendet. Um zum Beispiel die Anzahl von Tabellen zu berechnen, die einem Benutzer gehören, können Sie die folgenden Anweisungen ausführen:

```
BREAK ON owner
COMPUTE COUNT OF table_name ON owner
SELECT owner, table_name
   FROM dba_tables
ORDER BY owner, table_name;
```

SQL*Plus zählt für jeden einzelnen Wert von OWNER die Anzahl der Tabellennamen und zeigt die Ergebnisse an, wenn ein Break im Feld OWNER auftritt.

Für mehrfache Spalten kann man in einem Schritt Summenwerte bilden, indem man den Befehl COMPUTE mehrfach angibt. Das folgende Beispiel zählt für jeden Typ die Anzahl Objekte und summiert für jedes Objekt die Extent-Größe:

```
COMPUTE SUM OF bytes ON segment_name
COMPUTE COUNT OF segment_name ON segment_type
BREAK ON segment_type ON segment_name
SELECT segment_name, segment_type, bytes
   FROM user_extents
ORDER BY segment_type, segment_name;
```

Beachten Sie, dass die Reihenfolge der Anzeige – die Reihenfolge, die in der SELECT-Liste angegeben wurde – nicht unbedingt mit der Sortier- oder Break-Reihenfolge übereinstimmen muss. Außerdem ist hierbei wichtig, dass mehrfache Gesamtsummen durch mehrfache COMPUTE-Befehle definiert werden; mehrfache Umbrüche hingegen benötigen nur eine BREAK-Anweisung.

Formatierung von HTML-Berichten

Ab Oracle8*i* Database Release 2 (Version 8.1.6) können Sie SQL*Plus verwenden, um HTML-Seiten zu generieren. Statt einen Bericht an einen Drucker zu schicken, können Sie ihn in eine HTML-Datei schreiben – beispielsweise um ihn im Intranet Ihres Unternehmens zu veröffentlichen.

Das Baustein-Verfahren

Ein Verfahren, eine HTML-Seite mit derartigen Daten zu erzeugen, ist, nur die Tabelle abzufragen, die die Daten enthält, und diese dann mit anderem HTML zusammenzusetzen, das Sie selbst schreiben, um eine vollständige HTML-Seite zu erstellen. Beispielsweise generiert das folgende Skript eine Datei *middle.html*, die eine HTML-Tabelle mit Angestelltendaten enthält:

```
SET PAGESIZE 6
SET MARKUP HTML ON TABLE ""
COLUMN employee_id HEADING "ID"
COLUMN employee_name HEADING "Employee Name"
COLUMN employee_hire_date HEADING "Hire Date"
COLUMN employee_billing_rate -
       HEADING "Rate" FORMAT "$999.99"
SET TERMOUT OFF
SET FEEDBACK OFF
SPOOL middle.html
SELECT employee_id, employee_name,
       employee_hire_date,
       employee_billing_rate
FROM employee;
SPOOL OFF
```

Führen Sie diese Befehle unbedingt aus einem Skript heraus aus! Wenn Sie sie interaktiv eingeben, schickt SQL*Plus die SELECT-Anweisung auch an den Drucker. Wenn Sie die Befehle (mit @ oder START) aus einer Skriptdatei heraus ausführen, enthält die resultierende Datei *middle.html* eine einzige HTML-Tabelle, die alle Abfrageausgaben enthält:

```
<p>
<table>
<tr>
<th scope="col">
ID
</th>
<th scope="col">
Employee Name
</th>
<th scope="col">
Hire Date
</th>
<th scope="col">
```

```
Rate
</th>
</tr>
<tr>
<td align="right">
      101
</td>
<td>
Marusia Churai
</td>
<td>
15-NOV-61
</td>
<td align="right">
 $169.00
</td>
</tr>
...
```

Die HTML-Spool-Datei enthält ein führendes <p>-Tag. SQL*Plus schreibt dieses Tag grundsätzlich. Dieses Beispiel setzt PAGESIZE auf 6, damit Sie nach jeweils sechs Zeilen mit Tabellendaten eine neue Überschriftenzeile sehen. Sie können einen sehr großen Wert für PAGESIZE verwenden, wenn Sie die Überschriften nur einmal am Anfang der Tabelle sehen möchten.

SET TERMOUT OFF verhindert, dass die Abfrageausgabe auf Ihrem Bildschirm angezeigt wird, während das Skript läuft. SET FEEDBACK OFF verhindert das Anhängen der Nachricht »X rows selected« an das Ende der Spool-Datei.

Jetzt benötigen Sie nur noch die Datei *first.html* mit folgendem Inhalt:

```
<html>
<head>
<meta http-equiv="Content-Type"
content="text/html; charset=WINDOWS-1252">
<title>Employee Report</title>
<style type="text/css">
   table {border-collapse: collapse;
          width: 100%;}
   td {border: 2 solid black;}
   th {border: 2 solid black;}
</style>
<body>
```

```
<h1>Project Hours and Dollars Report</h1>
```

sowie die Datei *last.html* mit diesen Zeilen:

```
</body>
</html>
```

Setzen Sie nun eine vollständige Webseite zusammen, indem Sie alle Bausteine zusammenfügen. Unter Unix oder Linux verwenden Sie dazu *cat*:

```
cat first.html middle.html last.html >
   proj_hours_dollars.html
```

Unter Windows nehmen Sie *type*:

```
type first.html middle.html last.html > full_page.html
```

Das Ergebnis dieses Beispiels ist die einfache Seite, die Sie in Abbildung 5 sehen.

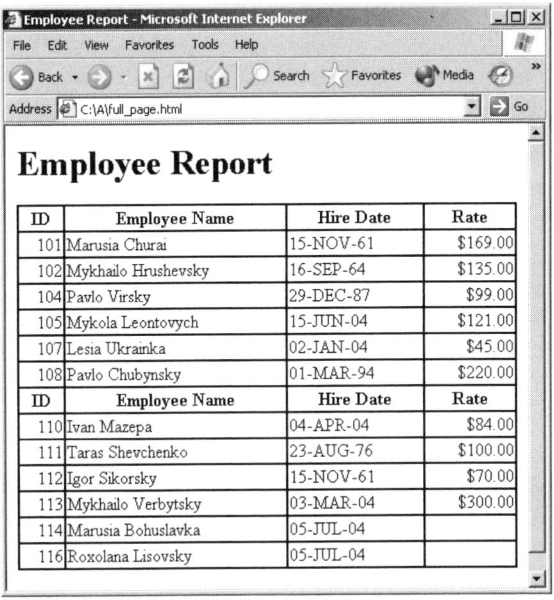

Abbildung 5: Ein HTML-Bericht

Vollständige Seiten generieren

Die andere Möglichkeit, HTML-Berichte mit SQL*Plus zu generieren, ist, vollständige HTML-Webseiten zu generieren. Dazu müssen Sie die SPOOL ON-Option für den Befehl SET MARKUP verwenden:

```
SET MARKUP HTML ON SPOOL ON
```

Die Option SPOOL ON veranlasst SQL*Plus, vor die Daten der Abfrage `<html>`-, `<head>`- und `<body>`-Tags in die Spool-Datei zu schreiben und diese Tags zu schließen, bevor die Datei geschlossen wird. So wird das Ergebnis der Ausführung des Skripts zu einer vollständigen Webseite, die Sie direkt in einem Browser laden können.

Das Seitenformat steuern

Mit den Optionen HEAD, BODY, TABLE und ENTMAP für den SET MARKUP-Befehl können Sie das Seitenformat steuern:

```
SET MARKUP -
   HTML ON -
   HEAD '<title>Employee Report</title> -
        <link href="emp_report.css" -
        rel="stylesheet" type="text/css"/>' -
   BODY "" -
   TABLE 'class="detail"' -
   ENTMAP OFF -
   SPOOL ON
```

Der HEAD-Befehl in diesem Beispiel verknüpft die resultierende HTML-Seite mit einem Stylesheet namens *emp_report.css*. Sie können so ein Stylesheet verwenden, um zu steuern, wie der Browser das HTML wiedergibt, das SQL*Plus generiert. Dazu weist die TABLE-Option dieses SET MARKUP-Befehls der *detail*-Tabelle eine Klasse zu. Diese Klasse kann in einem CSS-Stylesheet folgendermaßen referenziert werden:

```
table.detail {background: #eeeeee; color: black}
```

ENTMAP OFF verhindert, dass SQL*Plus die Zeichen < und > im Ausgabestrom des Skripts durch die benannten HTML-Zeichen-Entities `<` und `>` ersetzt. Damit erreichen Sie, dass Sie HTML-Tags in die Seitenüberschriften (und Fußzeilen) einbetten können:

```
TTITLE LEFT "<h1>The Fictional Company</h1>" -
       SKIP 1 -
       LEFT "<h2>Employee Report</h2>"
```

Statt ein externes Stylesheet zu referenzieren, haben Sie auch die Möglichkeit, die HEAD-Option von SET MARKUP HEAD zu verwenden, um die CSS-Style-Definitionen in Ihr Dokument (zwischen `<style>`- und `</style>`-Tags) einzubetten.

Seitenüberschriften von TTITLE werden in eine separate Tabelle geschrieben. Es gibt keine Möglichkeit, eine Klasse für die Überschriftentabelle anzugeben, aber Sie können das Format dieser Tabelle über den `table`-Style steuern. Im Dokument gibt es noch eine andere Tabelle, die die Daten enthält. Für diese Tabelle *können* Sie eine Klasse angeben, die es Ihnen ermöglicht, zwischen diesen beiden Tabellen zu unterscheiden.

TIPP

Wenn Sie die Überschriften für einen HTML-Bericht konstruieren, halten Sie sie einfach. Meiner Erfahrung nach ist es am besten, wenn man alles zentriert oder linksbündig ausrichtet. Sie können die Schlüsselwörter LEFT, CENTER und RIGHT in einem TTITLE für einen HTML-Bericht verwenden, aber wenn die Ergebnisse als HTML-Tabelle dargestellt werden, sehen sie oft nicht besonders schön aus.

Eine andere Möglichkeit für den Umgang mit Seitenüberschriften ist, TTITLE einfach zu vergessen und einen PROMPT-Befehl zu verwenden, um die gewünschte Überschrift auszugeben:

```
PROMPT <div class="top"> -
       <h1>The Fictional Company</h1> -
       <h2>Employee Report</h2> -
       </div> -
       <div class="bottom">
```

Dieses Verfahren ist von der Einstellung ENTMAP OFF abhängig. Zwei Vorteile haben Sie: Überschriften werden nicht in die HTML-Tabelle geschrieben, und es werden nicht alle PAGE SIZE-Zeilen wiederholt.

Das Spaltenformat steuern

Wenn Sie nicht mit der Einstellung ENTMAP OFF arbeiten, haben Sie kaum Möglichkeiten, die Darstellung der Spalten mit den Berichtsdaten zu steuern. Mit ENTMAP OFF können Sie jedoch HTML-Tags in die Spaltenüberschriften einbetten. Beispielsweise können Sie jeder Spalte eine Klasse zuordnen:

```
COLUMN employee_name HEADING -
"<p class=left>Employee Name</p>" -
FORMAT A40

COLUMN employee_billing_rate -
HEADING "<p class=right>Rate</p>" -
FORMAT 9,999.99
```

Die Klassen `left` und `right`, die Sie in diesem Beispiel sehen, können eingesetzt werden, um die Überschriften von Zeichenspalten ganz links und die Überschriften von numerischen Spalten ganz rechts auszurichten:

```
p.left {text-align: left}
p.right {text-align: right}
```

Wenn Sie HTML-Markup in die Überschriften von Textspalten einbetten, achten Sie darauf, dass Sie alle Spalten so breit formatieren, dass diese das Markup der Überschrift aufnehmen können. Ich habe für `employee_name FORMAT A40` angegeben, damit in das `<p>`-Tag bis zu 40 Zeichen eingegeben werden können. Hätte ich `FORMAT A9` angegeben, würde mein Überschriftstext auf neun Zeichen gekürzt. Das Ergebnis wäre, dass das unvollständige Tag `<p class=` in meine HTML-Datei geschrieben würde.

TIPP

Ich habe keinerlei Kürzungsprobleme bei den Überschriften von numerischen Spalten erlebt.

Tuning von SQL

SQL*Plus kann dabei helfen, SQL-Anweisungen zu optimieren. Um den Ausführungsplan für eine Anweisung in einer Tabelle zu erhalten, kann die SQL-Funktion EXPLAIN PLAN verwendet werden. Diese Tabelle kann anschließend mit SQL*Plus abgefragt werden, um den Plan anzuzeigen. Falls Sie den von Oracle vorgeschlagenen Plan nicht verwenden möchten, können Sie der SQL-Anweisung Optimizer-Hints hinzufügen, die festlegen, wie die Anweisung ausgeführt werden soll.

Anlegen der Plan-Tabelle

Vor dem Gebrauch der Anweisung EXPLAIN PLAN, muss die Plan-Tabelle zunächst angelegt werden, die die Ergebnisse enthalten wird. Oracle liefert ein Skript namens *utlxplan.sql*, um die Plan-Tabelle anzulegen. Es ist im Verzeichnis *$ORACLE_HOME/rdbms/admin* zu finden. Das Skript wird wie folgt ausgeführt:

```
SQL> @$ORACLE_HOME\admin\utlxplan
Table created.
```

Windows-Anwender verweisen auf das Oracle-Home-Verzeichnis folgendermaßen:

```
@%ORACLE_HOME%/rdbms/admin/utlxplan
```

Achten Sie insbesondere auf das Einklammern von ORACLE_HOME in Prozentzeichen (%).

Die resultierende Tabelle PLAN_TABLE sieht wie folgt aus:

```
Name             Null?  Type
---------------- ------ ---------------
STATEMENT_ID            VARCHAR2(30)
PLAN_ID                 NUMBER
TIMESTAMP               DATE
REMARKS                 VARCHAR2(4000)
OPERATION               VARCHAR2(30)
OPTIONS                 VARCHAR2(255)
OBJECT_NODE             VARCHAR2(128)
OBJECT_OWNER            VARCHAR2(30)
OBJECT_NAME             VARCHAR2(30)
```

```
OBJECT_ALIAS                VARCHAR2(65)
OBJECT_INSTANCE             NUMBER(38)
OBJECT_TYPE                 VARCHAR2(30)
OPTIMIZER                   VARCHAR2(255)
SEARCH_COLUMNS              NUMBER
ID                          NUMBER(38)
PARENT_ID                   NUMBER(38)
DEPTH                       NUMBER(38)
POSITION                    NUMBER(38)
COST                        NUMBER(38)
CARDINALITY                 NUMBER(38)
BYTES                       NUMBER(38)
OTHER_TAG                   VARCHAR2(255)
PARTITION_START             VARCHAR2(255)
PARTITION_STOP              VARCHAR2(255)
PARTITION_ID                NUMBER(38)
OTHER                       LONG
DISTRIBUTION                VARCHAR2(30)
CPU_COST                    NUMBER(38)
IO_COST                     NUMBER(38)
TEMP_SPACE                  NUMBER(38)
ACCESS_PREDICATES           VARCHAR2(4000)
FILTER_PREDICATES           VARCHAR2(4000)
PROJECTION                  VARCHAR2(4000)
TIME                        NUMBER(38)
QBLOCK_NAME                 VARCHAR2(30)
```

Die Spalten in der Plan-Tabelle variieren oft von einer Oracle-Version zur nächsten. Diese Version der Plan-Tabelle stammt aus Oracle10g Release 1 (10.1.0.2.0).

TIPP

Seit Oracle Database 10g wird die PLAN_TABLE automatisch für Sie als globale temporäre Tabelle erstellt, wenn Sie Ihre erste EXPLAIN PLAN-Anweisung ausführen.

Analyse einer Abfrage

Die Anweisung EXPLAIN PLAN wird verwendet, um den Ausführungsplan einer SQL-Anweisung zu erhalten. Oracle fügt den Ausführungsplan in die Plan-Tabelle ein, die zuvor angelegt wurde.

EXPLAIN PLAN-Syntax

Die Syntax für EXPLAIN PLAN sieht wie folgt aus:

```
EXPLAIN PLAN
        [SET STATEMENT_ID = 'statement_id']
        [INTO table_name]
        FOR statement;
```

Die Parameter bedeuten dabei:

statement_id
: Identifiziert die Abfrage, die man analysieren möchte, und wird im Feld STATEMENT_ID der Plan-Tabelle gespeichert. Standardmäßig ist diese auf Null gesetzt.

table_name
: Der Name der Plan-Tabelle (standardmäßig PLAN_TABLE).

statement
: Die SELECT-, INSERT-, UPDATE- oder DELETE-Anweisung, die analysiert wird.

Beispiel für EXPLAIN PLAN

Zunächst werden in der Plan-Tabelle alle existierenden Einträge mit dieser STATEMENT-ID gelöscht, zum Beispiel:

```
DELETE FROM plan_table
WHERE statement_id = 'HOURS_BY_PROJECT';
```

Danach wird die Anweisung EXPLAIN PLAN vor der zu analysierenden SQL-Anweisung eingefügt, anschließend folgt die eigentliche SQL-Anweisung. Ein Beispiel:

```
EXPLAIN PLAN
SET STATEMENT_ID = 'HOURS_BY_PROJECT'
FOR
SELECT employee_name, project_name,
       SUM(hours_logged)
FROM employee, project, project_hours
WHERE employee.employee_id
       = project_hours.employee_id
   AND project.project_id
       = project_hours.project_id
GROUP BY employee_name, project_name;
```

Der nächste Schritt ist die Abfrage der Plan-Tabelle, um die Resultate zu erhalten.

DBMS_XPLAN verwenden

Ab Oracle9*i* Database Release 2 können Sie das DBMS_XPLAN-Paket verwenden, um einen Ausführungsplan anzuzeigen, den Sie in die Plan-Tabelle eingetragen haben. Hier ist ein Beispiel:

```
SET LINESIZE 132

SELECT *
FROM TABLE(DBMS_XPLAN.DISPLAY(
              'PLAN_TABLE','HOURS_BY_PROJECT','TYPICAL')
          );
```

Abbildung 6 zeigt die Ausgabe dieser Abfrage, die anders nicht in das Format des Buchs hätte eingepasst werden können.

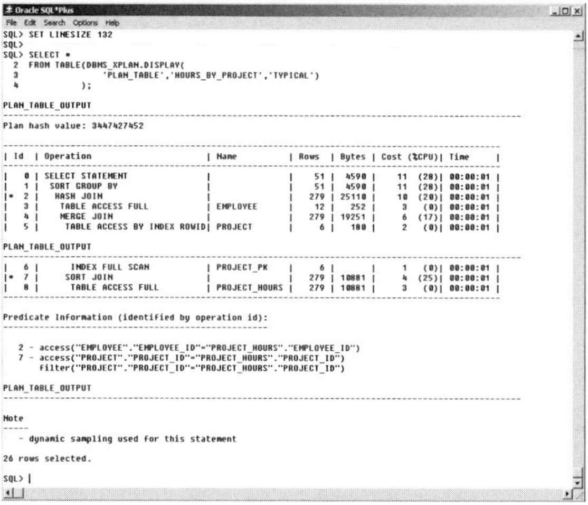

```
SQL> SET LINESIZE 132
SQL>
SQL> SELECT *
  2  FROM TABLE(DBMS_XPLAN.DISPLAY(
  3                'PLAN_TABLE','HOURS_BY_PROJECT','TYPICAL')
  4            );

PLAN_TABLE_OUTPUT
----------------------------------------------------------------------------------------------------
Plan hash value: 3447427452

-----------------------------------------------------------------------------------------------
| Id  | Operation                     | Name          | Rows  | Bytes | Cost (%CPU)| Time     |
-----------------------------------------------------------------------------------------------
|   0 | SELECT STATEMENT              |               |    51 |  4590 |    11  (28)| 00:00:01 |
|   1 |  SORT GROUP BY                |               |    51 |  4590 |    11  (28)| 00:00:01 |
|*  2 |   HASH JOIN                   |               |   279 | 25110 |    10  (20)| 00:00:01 |
|   3 |    TABLE ACCESS FULL          | EMPLOYEE      |    12 |   252 |     3   (0)| 00:00:01 |
|   4 |    MERGE JOIN                 |               |   279 | 19251 |     6  (17)| 00:00:01 |
|   5 |     TABLE ACCESS BY INDEX ROWID| PROJECT      |     6 |   180 |     2   (0)| 00:00:01 |

PLAN_TABLE_OUTPUT
----------------------------------------------------------------------------------------------------
|   6 |      INDEX FULL SCAN          | PROJECT_PK    |     6 |       |     1   (0)| 00:00:01 |
|*  7 |     SORT JOIN                 |               |   279 | 10881 |     4  (25)| 00:00:01 |
|   8 |      TABLE ACCESS FULL        | PROJECT_HOURS |   279 | 10881 |     3   (0)| 00:00:01 |
-----------------------------------------------------------------------------------------------

Predicate Information (identified by operation id):
---------------------------------------------------

   2 - access("EMPLOYEE"."EMPLOYEE_ID"="PROJECT_HOURS"."EMPLOYEE_ID")
   7 - access("PROJECT"."PROJECT_ID"="PROJECT_HOURS"."PROJECT_ID")
       filter("PROJECT"."PROJECT_ID"="PROJECT_HOURS"."PROJECT_ID")

PLAN_TABLE_OUTPUT
----------------------------------------------------------------------------------------------------

Note
-----
   - dynamic sampling used for this statement

26 rows selected.

SQL>
```

Abbildung 6: Ein von DBMS_XPLAN angezeigter Ausführungsplan

Die drei Parameter der Funktion DBMS_XPLAN.DISPLAY sind:

Tabellenname
: Vergessen Sie nicht, den Namen Ihrer Plan-Tabelle in Großbuchstaben anzugeben, es sei denn, Sie haben tatsächlich eine Plan-Tabelle, deren Namen Kleinbuchstaben enthält oder ganz daraus besteht.

Anweisungs-ID
: Das ist die ID, die Sie in Ihrer EXPLAIN PLAN-Anweisung angegeben haben. Verwenden Sie NULL, wenn Sie keine Anweisungs-ID angegeben haben.

Formatschlüsselwort
: Dieses Schlüsselwort gibt an, wie viele Informationen Sie sehen möchten. Normalerweise ist es eins der folgenden hier in der Reihenfolge zunehmender Informationsfülle angegebenen Schlüsselwörter: BASIC, TYPICAL oder ALL. TYPICAL ist der Default. Sie können auch SERIAL angeben, wenn Sie eine Ausgabe wie bei TYPICAL haben möchten, diese aber keine Informationen zu parallelen Operationen enthalten soll.

Oracle unterteilt die Abfrageausführung in eine Folge geschachtelter Schritte, von denen jeder seine Daten an den übergeordneten Schritt weiterreicht. Der oberste Schritt ist die Abfrage selbst, deren Ausgabe an die Anwendung zurückgeliefert wird.

Abfrage der Plan-Tabelle

Wenn verfügbar, ist DBMS_XPLAN der bei weitem bequemste Weg, einen Ausführungsplan anzuzeigen. Sie können die Plan-Tabelle allerdings auch selbst abfragen. Bei älteren Oracle-Versionen müssen Sie das sogar tun. Eine Abfrage, mit der man den Ausführungsplan anzeigen könnte, sieht so aus:

```
SELECT LPAD(' ', 2*(level-1)) ||
       operation || ' ' || options
       || ' ' || object_name || ' ' ||
       DECODE(id, 0, 'Cost = ' || position)
       "Ausführungsplan"
FROM plan_table
```

```
START WITH id = 0 AND statement_id
              = 'HOURS_BY_PROJECT'
CONNECT BY prior id = parent_id
       AND statement_id = 'HOURS_BY_PROJECT';
```

Das Ergebnis dieser Abfrage, die CONNECT BY und die Level-Pseudospalte verwendet, um Schritte unterhalb ihrer Eltern zu schachteln, ist ein Bericht, der die Schritte im Ausführungsplan zeigt:

```
Ausführungsplan
----------------------------------------
SELECT STATEMENT   Cost = 7
  SORT GROUP BY
    HASH JOIN
      HASH JOIN
        TABLE ACCESS FULL EMPLOYEE
        TABLE ACCESS FULL PROJECT_HOURS
      TABLE ACCESS FULL PROJECT
```

Die Kosten für einen Ausführungsplan können nur relativ zu einem anderen interpretiert werden. Eine Anfrage mit Kosten von 14 benötigt beispielsweise doppelt so hohe I/O- und CPU-Ressourcen wie eine Anweisung mit Kosten von 7.

ACHTUNG

Es werden Statistiken benötigt, um die Kosten zu berechnen. Falls diese nicht aktuell sind, resultieren daraus ungenaue Kosten.

Die innersten Schritte im Ausführungsplan liefern allgemein einen Satz von Datenbank-ROWIDs. Auf diesen ROWIDs basieren dann wiederum andere Operationen. Manchmal benötigt eine Operation auch zwei Sätze von ROWIDs. Ein Beispiel hierfür ist die HASH JOIN-Operation im vorherigen Ausführungsplan, die die ROWIDs aus den Full Scans aller Zeilen in den Tabellen EMPLOYEE und PROJECT_HOURS verlangt.

Viele der Operationen in Ausführungsplänen sind bereits anhand ihrer Namen nachvollziehbar oder leicht zu erraten, besonders dann, wenn man die Kenntnis über das zu erwartende Ergebnis der Abfrage einfließen lässt. Die vollständige Beschreibung der Ausführungsplan-Operationen finden Sie in dem Manual *Oracle Database Performance Tuning Guide*.

Verwenden von Optimizer-Hints

Falls Sie nicht möchten, dass Oracle die gesamte Kontrolle über die Ausführung einer Abfrage hat, können durch die Angabe von Hints bestimmte Aktionen des Optimizers beeinflusst werden. Ein Hint (Hinweis) ist in Oracle eine Optimizer-Anweisung, die in Form eines Kommentars in eine SQL-Anweisung eingebettet wird. Im folgenden Beispiel sehen Sie eine Abfrage mit einem Optimizer-Hint, der Oracle anweist, einen Full-Table-Scan durchzuführen:

```
SELECT /*+ FULL(employee) */
       employee_id,
       employee_name,
       employee_billing_rate
FROM employee
WHERE employee_name = 'Jenny Gennick';
```

Der Hint lautet in diesem Fall `FULL(employee)`. Er teilt Oracle mit, einen Full-Table-Scan für die Tabelle EMPLOYEE durchzuführen. Oracle wird diesen Hint akzeptieren und einen Full-Table-Scan ausführen, selbst wenn auf dem Feld EMPLOYEE_NAME ein Index vorhanden ist.

TIPP

Der entscheidende Punkt bei jedem SQL-Tuning-Problem ist natürlich, dass man weiß, welcher Ausführungsplan optimal ist und welche Hints auf eine bestimmte Anweisung angewendet werden sollten. Um Ihnen bei diesem wichtigen Thema zu helfen, kann ich Ihnen keinen besseren Dienst erweisen, als Ihnen Dan Tows ausgezeichnetes Buch *SQL Tuning* (O'Reilly) zu empfehlen. Dans Buch ist das einzige, das ich bisher gesehen haben, dass eine wiederholbare und bestimmende Methodologie zur Ermittlung des optimalen, oder optimalsten, Ausführungsplans bietet. Dieses Buch ist im höchsten Maße empfehlenswert.

Hints werden in einem Kommentar in der Form /*+...*/ angegeben. Dieser Kommentar muss dem SQL-Schlüsselwort folgen, mit dem eine Anweisung beginnt.

Hat man bei der Angabe des Hints einen Fehler gemacht, wird dieser als Kommentar angesehen, wobei man auch keine Fehlermeldung erhält. Immer wenn man einen Hint angibt, sollte man davor und danach ein EXPLAIN PLAN durchführen, um sicherzustellen, dass diese Angabe so interpretiert und angewandt wird, wie Sie es sich vorstellen.

Die folgenden Unterabschnitte beschreiben Hint-Query-Blocks und verschiedene Kategorien von Optimizer-Hints. Es werden aber nur die gebräuchlichsten Hints vorgestellt.

Hint-Abfrageblocks

Oracle Database 10*g* führt eine neue *Abfrageblock*-Syntax (*Query Block*) ein, die in Hints verwendet wird. Wenn Sie eine Anweisung wie beispielsweise SELECT haben, die aus einer Hauptabfrage und einer oder mehrerer Unterabfragen besteht, dann stellt jede Hauptabfrage und Unterabfrage einen Abfrageblock dar. Die neue Abfrageblock-Syntax ermöglicht Ihnen, über einen Namen aus dem Hint auf die Abfrageblöcke zu verweisen.

Sie können die Abfrageblöcke in einer Anweisung mit Hilfe des Hints QB_NAME benennen. Die Anweisung im folgenden Beispiel enthält zwei Abfrageblöcke, denen die Namen `main` respektive `sub` zugewiesen werden. Die zwei FULL-Hints verwenden die Abfrageblocknamen, um ihre entsprechenden Tabellenverweise vollständig zu qualifizieren. Das Ergebnis ist, dass auf beide Instanzen von `employee` über einen Full-Table-Scan zugegriffen wird.

```
SELECT /*+ QB_NAME(main) FULL(@main e1)
           FULL(@sub e2) */
       e1.employee_name, employee_hire_date
FROM employee e1
WHERE EXISTS (
   SELECT /*+ QB_NAME(sub) */
          e2.employee_id
   FROM employee e2
   WHERE employee_hire_date >=
         TO_DATE('1-Jan-2000','dd-mon-yyyy')
     AND e1.employee_id = e2.employee_id);
```

Wenn Sie die Abfrageblöcke in einer Anweisung nicht benennen, generiert Oracle die Abfrageblocknamen für Sie. Möchten Sie diese automatisch generierten Namen sehen, führen Sie für Ihre Anweisung ein EXPLAIN PLAN und anschließend eine Abfrage aus, die die ALL-Option von DBMS_XPLAN.DISPLAY verwendet:

```
SELECT PLAN_TABLE_OUTPUT
FROM TABLE(DBMS_XPLAN.DISPLAY
           (NULL, NULL, 'ALL'));
```

Optimizer-Goal-Hints

Optimizer-Goal-Hints erlauben es, das gesamte Ausführungsziel zu beeinflussen, wenn ein Ausführungsplan formuliert wird:

ALL_ROWS
: Erzeugt einen Ausführungsplan, der den Ressourcen-Verbrauch minimiert. In Oracle Database 10g veraltet.

FIRST_ROWS und FIRST_ROWS*(num)*
: Erzeugt einen Ausführungsplan, der so schnell wie möglich die erste oder die ersten *num* Zeilen ermittelt. FIRST_ROWS(*num*) ist eine Neuerung in Oracle9*i* Database.

CHOOSE
: Verwendet den kostenbasierten Optimizer, falls Statistiken für mindestens eine in einer Abfrage angegebenen Tabelle vorliegen. In Oracle Database 10g veraltet.

RULE
: Verwendet den regelbasierten Optimizer. In Oracle Database 10g veraltet.

Hints zur Zugriffsmethode

Hints zur Zugriffsmethode erlauben es, den Datenzugriff von Oracle zu steuern:

FULL*(@Block Tabelle)*
: Führt einen Full-Table-Scan für die angegebene Tabelle aus.

INDEX*(Tabelle* [*Index* ...]*)*
INDEX(*@Block Tabelle* [*Index* ...])
: Greift auf die angegebene Tabelle über einen Index-Scan zu. Optional kann eine Indexliste angegeben werden. Eine aufstei-

gende oder absteigende Reihenfolge der Suche wird durch INDEX_ASC oder INDEX_DESC angegeben.

INDEX_JOIN*(Tabelle* [*Index* ...]*)*
INDEX_JOIN(@*Block Tabelle* [*Index* ...])
: Verknüpft statt eines Tabellenzugriffs zwei oder mehr Tabellenindizes, um die Daten der Abfrage zu ermitteln. Die Indizes müssen gemeinsam all die Spalten aufweisen, die durch die Abfrage referenziert werden. Neu in Oracle9*i* Database.

NO_INDEX *(Tabelle* [*Index* ...]*)*
NO_INDEX (@*Block Tabelle* [*Index* ...])
: Deaktiviert den Zugriff auf die angegebenen Indizes einer Tabelle. Wird kein Index aufgeführt, werden sämtliche Tabellenindizes deaktiviert.

Join-Order-Hints

Join-Order-Hints ermöglichen eine Kontrolle über die Reihenfolge, in der die Tabellen verknüpft werden:

FACT(*Tabelle*)
FACT(@*Block Tabelle*)
: Zeigt an, dass die Tabelle in einer Star-Abfrage als Fact-Tabelle betrachtet werden soll. Neu in Oracle Database 10g.

LEADING*(Tabelle)*
: Legt fest, dass die angegebene Tabelle die erste Tabelle in der Join-Reihenfolge ist. Neu in Oracle9*i* Database. Der Hint ORDERED überschreibt LEADING.

NO_FACT(*Tabelle*)
NO_FACT(@*Block Tabelle*)
: Zeigt an, dass eine Tabelle keine Fact-Tabelle ist. Neu in Oracle Database 10g.

NO_STAR_TRANSFORMATION
NO_STAR_TRANSFORMATION(@*Block*)
: Verhindert die Transformation in eine Star-Abfrage. Neu in Oracle Database 10g.

ORDERED
: Verknüpft Tabellen von links nach rechts in der gleichen Reihenfolge, in der sie in der FROM-Klausel angegeben wurden.

STAR
: Verwendet, wenn möglich, einen Star-Abfrage-Ausführungsplan. Gilt in Oracle Database 10g als veraltet. Verwenden Sie stattdessen STAR_TRANSFORMATION.

STAR_TRANSFORMATION
STAR_TRANSFORMATION(@*Block*)
: Sagt Oracle, dass die Abfrage, wenn möglich, in eine Star-Abfrage transformiert werden und dann der beste Plan für eine solche Tabelle verwendet werden soll. Das ist nur möglich, wenn mindestens drei Tabellen verknüpft werden und die größte Tabelle einen Concatenated-Index auf Spalten hat, die sich auf die beiden kleineren Tabellen beziehen. Die zwei kleineren Tabellen werden zunächst verknüpft. Danach werden mit einem Nested-Loop-Join die Zeilen der größten Tabelle ermittelt.

Join-Operation-Hints

Join-Operation-Hints ermöglichen eine Kontrolle über die Art, wie zwei Tabellen verknüpft werden:

USE_NL(*Tabelle* [*Tabelle* ...])
USE_NL(@*Block Tabelle* [*Tabelle* ...])
: Verknüpft zwei Tabellen, indem die eine Tabelle über einen Outer Loop gelesen wird und alle entsprechenden Zeilen aus der anderen Tabelle über einen Inner Loop ermittelt werden. Die innere Tabelle kann im Hint angegeben werden. Dies ist auch als *Nested Loops Join* bekannt. Allgemein liefert dies die ersten Ergebnisse recht schnell zurück, doch insgesamt braucht diese Ausführung die meiste Zeit. Geben Sie die innere Tabelle im Hint an. Geben Sie mehrere Tabellen an, wenn Sie mehrere Joins beeinflussen wollen.

USE_MERGE(*Tabelle* [*Tabelle* ...])
USE_MERGE(@*Block Tabelle* [*Tabelle* ...])

Führt einen Join mit einer Tabelle (oder mehreren Tabellen) aus, indem die Tabellenzeilen separat über den Join-Schlüssel sortiert werden. Ebenso werden die Zeilen der anderen Tabelle bezüglich des Join-Schlüssels sortiert. Danach werden Ergebnissätze gelesen und zusammengeführt.

USE_HASH(*Tabelle* [*Tabelle* ...])
USE_HASH(@*Block Tabelle* [*Tabelle* ...])

Führt einen Hash-Join für die angegebene Tabelle (oder Tabellen) aus. Dies legt für die Join-Schlüsselwerte des kleineren der beiden zu verknüpfenden Zeilensätze (oder Tabellen) eine Hash-Tabelle im Speicher an. Danach wird die größere Tabelle durchsucht, wobei die gleiche Hash-Funktion auf die Join-Schlüsselspalten angewandt wird. Hash-Joins können nur bei Equi-Joins (in denen der Operator = verwendet wird) eingesetzt werden.

Hints für Abfrage-Transformationen

Eine einzelne Abfrage kann manchmal auf verschiedene Weise ausgedrückt werden. Gelegentlich wird Oracle diese Abfrage so umschreiben, dass ein effizienterer Ausführungsplan verwendet wird. Hints für Abfrage-Transformationen erlauben eine Kontrolle darüber, wie oder sogar ob überhaupt ein Umschreiben erfolgen soll:

MERGE
MERGE(*View*)
MERGE(@*Block*)
MERGE(@*Block View*)

Führt einen View und eine Abfrage zusammen.

NO_MERGE
NO_MERGE(*View*)
NO_MERGE(@*Block*)
NO_MERGE(@*Block View*)

Verhindert, dass ein View und eine Abfrage zusammengeführt werden. Wird in der SELECT-Anweisung eines Views verwendet.

NO_REWRITE
NO_REWRITE(@*Block*)

Verhindert die Verwendung von materialisierten Views. Vor Oracle Database 10g hieß dieser Hint NOREWRITE (ohne Unterstrich), und die @*Block*-Syntax wurde noch nicht unterstützt.

REWRITE
REWRITE(*View* [*View* ...])
REWRITE(@*Block View* [*View* ...]])

Erzwingt den Einsatz von materialisierten Views, wann immer es möglich ist, unabhängig von den Kosten. Falls man einen oder mehrere Namen von materialisierten Views angibt, werden auch nur diese berücksichtigt.

USE_CONCAT

Wandelt eine Abfrage mit OR-Bedingungen in zwei oder mehr Abfragen um, die mittels UNION ALL zusammengefügt werden. Dies wird auch als *OR-Expansion* bezeichnet. Mit dem Hint NO_EXPAND verhindert man eine OR-Expansion.

Weitere Hints

Hier folgen zwei nützliche Hints:

APPEND

Versuchen Sie nicht, freien Speicher in den Extents, die aktuell durch die Tabelle belegt werden, wiederzuverwenden. Stattdessen sollte man Zeilen oberhalb der aktuellen High-Water-Mark hinzufügen. Dies gilt jedoch nur für INSERT-Anweisungen und entspricht einem Direct-Path-Load mit dem SQL*Loader. NOAPPEND hat zur Folge, dass freier Speicher explizit wiederverwendet wird. APPEND ist die Standardeinstellung für parallele Inserts, ansonsten ist es NOAPPEND.

ORDERED_PREDICATES

Bewirkt, dass Prädikate in der Reihenfolge ausgewertet werden, in der sie in einer WHERE-Klausel angegeben werden. Im Gegensatz zu anderen Hints platziert man diesen Hint in der WHERE-Klausel nach dem Schlüsselwort WHERE. Gilt in Oracle Database 10g als veraltet.

SQL*Plus-Formatelemente

Die Befehle COLUMN, ACCEPT, SET NUMBER, TTITLE, BTITLE, REPHEADER und REPFOOTER ermöglichen mittels einer Formatspezifikation die Steuerung von Datenformaten. Eine *Formatspezifikation* ist ein String aus Zeichen, der SQL*Plus exakt mitteilt, wie Zahlen, Datumsangaben oder Text-Strings formatiert werden sollen, wenn diese angezeigt werden.

Formatierung von Zahlen

Tabelle 2 zeigt die Formatelemente, die verwendet werden können, wenn numerische Ausgaben erzeugt werden.

Tabelle 2: Numerische Formatelemente

Formatelement	Funktion
9	Repräsentiert eine Ziffer in der Ausgabe.
0	Markiert den Punkt, an dem führende Nullen angezeigt werden sollen.
$	Fügt ein führendes Dollar-Zeichen in die Ausgabe ein.
,	Platziert ein Komma in die Ausgabe.
.	Markiert den Platz des Dezimalpunkts.
B	Erzwingt die Darstellung von NULL-Werten als Leerzeichen.
C	Markiert die Stelle für die ISO-Währungsanzeige. Für US-Dollar ist dies USD.
D	Markiert die Stelle des Dezimalpunkts.
DATE	Teilt SQL*Plus mit, dass eine Zahl ein julianisches Datum darstellt und dass diese im Format MM/DD/YY dargestellt werden soll.
EEEE	Veranlasst SQL*Plus, die wissenschaftliche Darstellung zu verwenden. Es müssen exakt vier Es angegeben werden, und diese müssen am rechten Ende des Format-Strings angeführt werden.
FM	Präfix: Entfernt führende oder anhängende Leerzeichen aus dem Rückgabewert.
G	Setzt einen Gruppenseparator (normalerweise ein Komma) in die Ausgabe.
L	Markiert die Stelle für die lokale Währungsanzeige. Für US-Dollar ist dies das Dollarzeichen.
MI	Fügt einer Zahl ein führendes negatives Vorzeichen hinzu, wobei dies nur am Ende eines Format-Strings angegeben werden kann.

Tabelle 2: Numerische Formatelemente (Fortsetzung)

Formatelement	Funktion
PR	Stellt negative Werte in Winkelklammern dar. Zum Beispiel wird –123.99 als <123.99> dargestellt.
RN	Ermöglicht die Darstellung in römischen Zahlen. Die Großbuchstaben RN ergeben römische Zahlen in Großbuchstaben, während die Kleinbuchstaben rn römische Zahlen in Kleinbuchstaben ergeben. Die als römische Zahlen darzustellenden Zahlen müssen Ganzzahlen im Bereich zwischen 1 und 3999 sein.
S	Fügt ein Plus- oder Minuszeichen[a] zur Zahl hinzu und kann entweder am Beginn oder am Ende eines Format-Strings angegeben werden.
TM	Präfix: Liefert eine Zahl zurück, für die die minimale Anzahl von Zeichen verwendet wird. TM steht für »Text-Minimum«. Hängen Sie an TM eine 9 an, wenn Sie möchten, dass die gewöhnliche dezimale Notation (der Default) verwendet wird. Hängen Sie an TM ein E an, wenn Sie möchten, dass die wissenschaftliche Notation verwendet wird.
U	Bewirkt, dass an der entsprechenden Stelle ein Euro-Symbol eingefügt wird. Welches Zeichen tatsächlich durch dieses Formatelement zurückgeliefert wird, wird über den Parameter NLS_DUAL_CURRENCY gesteuert.
V	Zeigt skalierte Werte an. Die Zahl von Ziffern auf der rechten Seite von V zeigt an, um wie viele Stellen der Dezimalpunkt nach rechts verschoben wird, bevor die Zahl angezeigt wird.
X	Liefert die Zahl als hexadezimalen Wert zurück. Sie können diesem Element 0en voranstellen, um führende Nullen zurückzuliefern, oder Sie können ihm FM voranstellen, um führende und anhängende Leerzeichen abzuschneiden. X kann nicht in Verwendung mit anderen Formatelementen verwendet werden.

[a] SQL*Plus erlaubt die Angabe eines Vorzeichens, wann immer eine Zahl dargestellt wird. Standardmäßig wird das Vorzeichen links von der Zahl angezeigt, und es wird auch nur dann angezeigt, wenn die Zahl negativ ist. Positive Zahlen haben an der ersten linken Position ein Leerzeichen.

Tabelle 3 enthält mehrere Beispiele, die den Gebrauch der unterschiedlichen Formatelemente demonstrieren.

Tabelle 3: Numerische Formatbeispiele

Wert	Format	Ergebnis
123	9999	123
1234.01	9,999.99	1,234.01
23456	$999,999.99	$23,456.00
1	0999	0001

Tabelle 3: Numerische Formatbeispiele (Fortsetzung)

Wert	Format	Ergebnis
1	99099	001
-1000.01	9,999.99mi	1,000.01-
1001	S9,999	+1,001
-1001	9,999PR	<1,001>
1001	9,999PR	1,001

Formatierung von Strings

Strings werden nur durch ein Element formatiert. Dieses Element ist »A« gefolgt von einer Zahl, die die Spaltenbreite ergibt, zum Beispiel:

```
SQL> COLUMN a FORMAT A40

SQL> SELECT 'An apple a day keeps the doctor away.' A
  2    FROM dual;

A
----------------------------------------
An apple a day keeps the doctor away.
```

Standardmäßig werden längere Textwerte innerhalb der Spalte umbrochen. Um den Zeilenumbruch zu kontrollieren, können die Parameter WORD_WRAPPED, WRAPPED und TRUNCATED des Befehls COLUMN verwendet werden, beispielsweise:

```
SQL> COLUMN a FORMAT A18 WORD_WRAPPED

SQL> SELECT 'An apple a day keeps the doctor away.' A
  2    FROM dual;

A
------------------
An apple a day
keeps the doctor
away.
```

Wenn Textspalten in mehrere Zeilen umbrochen werden, wird SQL*Plus eine Leerzeile namens *Zeilenseparator* nach der Zeile einfügen. Durch die Angabe von SET RECSEP OFF kann dieses Verhalten abgeschaltet werden.

Bei der Angabe des Befehls ACCEPT definiert ein Zeichenformat die maximale Angabe von Zeichen, die SQL*Plus vom Benutzer akzeptieren wird.

Formatierung von Datumswerten

Die Datumsformatelemente in Tabelle 4 können zusammen mit der Built-in-Funktion TO_CHAR von Oracle verwendet werden, um Datumswerte in Strings umzuwandeln, zum Beispiel:

```
SQL> SELECT TO_CHAR(SYSDATE,
  2 'dd-Mon-yyyy hh:mi:ss PM')
  3    FROM dual;

TO_CHAR(SYSDATE,'DD-MON
-----------------------
13-Dec-2001 09:13:59 PM
```

Bei der Angabe im Befehl ACCEPT wird ein Benutzer veranlasst, ein Datum im jeweiligen Format einzugeben. Tabelle 4 enthält eine Liste der Datumsformatelemente.

Tabelle 4: Datumsformatelemente

Formatelement	Funktion
- / , . ; :	Interpunktion in der Ausgabe.
AD oder A.D. BC oder B.C.	Ein AD-, A.D-., BC- oder B.C.-Indikator in der Datumsangabe.
AM oder A.M. PM oder P.M.	Ausgabe von AM, A.M., PM oder P.M., je nach der aktuellen Zeit.
CC	Die Jahrhundertzahl. Dies ist 20 für die Jahre zwischen 1900 und 1999. Siehe SCC.
D	Der Wochentag. Dieser liegt zwischen eins und sieben.
DAY	Der volle Name des Tages.
DD	Der Tag des Monats.

Tabelle 4: Datumsformatelemente (Fortsetzung)

Format-element	Funktion
DDD	Der Tag des Jahres.
DL	Liefert einen Datumswert in einem *langen* Datumsformat zurück, das von NLS_TERRITORY und NLS_LANGUAGE abhängig ist. Kann nur mit TS kombiniert werden.
DS	Liefert einen Datumswert in einem *kurzen* Datumsformat zurück, das von NLS_TERRITORY und NLS_LANGUAGE abhängig ist. Kann nur mit TS kombiniert werden.
DY	Der abgekürzte Name des Tages.
E	Der abgekürzte Zeitaltername. Nur für den japanischen-, den kaiserlichen-, den ROC- und den Thai-Buddha-Kalender gültig.
EE	Der vollständige Zeitaltername. Siehe E.
FF FF1..FF9	Sekundenbruchteile. Nur für TIMESTAMP-Typen gültig. Ab Oracle Database 10*g* können Sie FF1..FF9 verwenden, um die gewünschte Anzahl von Nachkommastellen anzugeben.
FM	Unterdrückt zusätzliche Leerzeichen und Nullen in der Zeichendarstellung eines Datums. Zum Beispiel verwendet man `'FMMonth DD'` für `'July 4'` statt `'July4'`.
FX	Fordert einen genauen Mustervergleich zwischen Daten und Formatmodell. (FX steht für »Format eXact«.)
HH	Die Stunde des Tages bei einer 12-Stunden-Uhr.
HH12	Die Stunde des Tages bei einer 12-Stunden-Uhr.
HH24	Die Stunde des Tages bei einer 24-Stunden-Uhr.
I	Die letzte Stelle der Jahreszahl.
IW	Die ISO-Kalenderwoche von 1–53. Siehe IYYY.
IY	Die letzten zwei Stellen der Jahreszahl.
IYY	Die letzten drei Stellen der Jahreszahl.
IYYY	Die vierstellige ISO-Jahreszahl. Das ISO-Jahr beginnt nur dann am 1. Januar, wenn der 1. Januar auf einen Montag fällt. Es beginnt am vorherigen Montag, wenn der 1. Januar auf einen Dienstag bis Donnerstag fällt. Es beginnt am darauf folgenden Montag, wenn der 1. Januar auf einen Freitag bis Sonntag fällt.
J	Der julianische Tag. Tag eins entspricht dem 1. Januar, 4712 BC.

Tabelle 4: Datumsformatelemente (Fortsetzung)

Formatelement	Funktion
MI	Die Minute.
MM	Die Monatszahl.
MON	Die dreistellige Monatsabkürzung.
MONTH	Der ausgeschriebene Monatsname.
Q	Das Quartal des Jahres. Das erste Quartal ist Jan–März; das zweite Quartal ist Apr–Jun usw.
RM	Die Monatszahl in römischen Ziffern.
RR	Die letzten beiden Stellen der Jahreszahl.
RRRR	Die vierstellige Jahreszahl.
SCC	Analog zu CC, jedoch mit negativen BC-Datumswerten.
SP	Ein Suffix, das eine Zahl in das gesprochene Format (z.B. ONE, FOUR) umwandelt. Siehe TH.
SPTH	Ein Suffix, das eine Zahl in die gesprochene Ordinalform (z.B. FIRST, FOURTH) umwandelt. Siehe TH.
SS	Die Sekunde.
SSSSS	Die Anzahl Sekunden seit Mitternacht.
SYEAR	Das Jahr in Worten mit einem führenden negativen Vorzeichen, wenn das Jahr BC ist. Siehe YEAR.
SYYYY	Die vierstellige Jahreszahl mit einem führenden negativen Vorzeichen, wenn das Jahr BC ist.
'text'	Text in Anführungszeichen wird in der Ausgabe wiedergegeben.
TH	Ein Suffix, das am Ende jedes Formatelements angegeben werden kann. Es resultiert eine Zahl (z.B. *DD*th) und die ordinale Version (z.B. 1st, 4th).
TS	Liefert ein *kurzes* Zeitformat zurück, das von NLS_TERRITORY und NLS_LANGUAGE abhängig ist. Kann nur mit DL oder DS kombiniert werden.
TZD	Der abgekürzte Zeitzonenname (z.B. EST, PST usw.).
TZH	Der Stundenanteil der Zeitzonenverschiebung von UTC (Coordinated Universal Time) (z.B. –05 für U.S. EST).
TZM	Der Stundenanteil der Zeitzonenverschiebung (gewöhnlich null).
TZR	Die Zeitzonenregion (z.B. "US/Eastern").

Tabelle 4: Datumsformatelemente (Fortsetzung)

Formatelement	Funktion
W	Die Woche des Monats. Woche eins beginnt am ersten des Monats; Woche zwei beginnt am achten des Monats usw.
WW	Die Woche des Jahres.
X	Das lokale Radix-Zeichen (z.B. der Punkt [.] im amerikanischen Englisch).
Y	Die letzte Ziffer der Jahreszahl.
Y,YYY	Die vierstellige Jahreszahl mit einem Komma nach der ersten Ziffer.
YEAR	Das Jahr in Worten.
YY	Die letzten beiden Ziffern der Jahreszahl.
YYY	Die letzten drei Ziffern der Jahreszahl.
YYYY	Die vierstellige Jahreszahl.

Wenn ein Datumsformatelement verwendet wird, um einen Textwert darzustellen, wie etwa den Namen eines Monats, wird die Groß-/Kleinschreibung des Formatelements für die Ausgabe übernommen. Tabelle 5 zeigt Beispiele für die Formatierung von Datumsangaben.

Tabelle 5: Datumsformat-Beispiele

Format	Ergebnis
`dd-mon-yyyy`	`13-dec-2002`
`dd-Mon-yyyy`	`13-Dec-2002`
`DD-MON-YYYY`	`13-DEC-2002`
`Month dd, yyyy`	`December 13, 2002`
`mm/dd/yyyy`	`12/13/2002`
`Day`	`Friday`
`DL`	`Thursday, September 2, 2005`
`DS`	`09/02/2005`
`DS TS`	`09/02/2005 08:10:38 PM`

SQL*Plus-Befehlsreferenz

Dieser Abschnitt enthält eine alphabetische Auflistung aller SQL*Plus-Befehle mit Kurzbeschreibungen.

Kommentar-Angaben (/*...*/)

```
/*
Kommentartext
Kommentartext
Kommentartext
*/
```

Die Begrenzer /* und */ geben in SQL*Plus einen Kommentar an. Kommentare in dieser Form können mehrere Zeilen umfassen. Falls /*...*/ in einer Skriptdatei verwendet wird, werden die Kommentare auf dem Bildschirm ausgegeben, wenn das Skript ausgeführt wird, zum Beispiel:

```
/* SQL*Plus-Skript geschrieben am 7-Jan-2000
   durch Jonathan Gennick. */
```

Doppelte Trennstriche (--)

```
-- Kommentar_text
```

Die doppelten Trennstriche können in einem SQL*Plus-Skript zur Eingabe eines Einzeilenkommentars verwendet werden, zum Beispiel:

```
--Geschrieben 7-Jan-2000 von Jonathan Gennick
```

At-Zeichen (@)

```
@{URL|Datei} [Argument [Argument ...]]
```

Das At-Zeichen (@) führt eine SQL*Plus-Skriptdatei aus, zum Beispiel:

```
@$ORACLE_HOME/rdbms/admin/utlxplan
@http://Gennick.com/message.sql 2
```

In Oracle9*i* Database Release 1 kann nur bei der Windows-Version von SQL*Plus eine Skriptdatei über ihre URL angegeben werden. In Oracle9*i* Database Release 2 und höher wird dies von allen Versionen unterstützt. Es können HTTP- und FTP-URLs verwendet werden.

In *i*SQL*Plus muss der @-Befehl mit einer URL verwendet werden. Es darf kein Dateiname angegeben werden.

Doppeltes At-Zeichen (@@)

```
@{URL |Datei} [Argument [Argument ...]]
```

Das doppelte At-Zeichen (@@) wird innerhalb einer Skriptdatei verwendet, um eine andere Skriptdatei aus demselben Verzeichnis aufzurufen, zum Beispiel:

```
@@generate_emp_report
@@generate_pay_history_report '101'
```

In *i*SQL*Plus muss der @@-Befehl mit einer URL verwendet werden. Es darf kein Dateiname angegeben werden.

Slash (/)

```
/
```

Ein Slash führt die SQL-Anweisung oder einen PL/SQL-Block aus, die/der sich aktuell im Puffer befindet, zum Beispiel:

```
SQL> SELECT * FROM dual
  2
SQL> /

D
-
X
```

ACCEPT

```
ACC[EPT] Variable [NUM[BER] | CHAR | DATE
                  |BINARY_FLOAT | BINARY_DOUBLE]
        [FOR[MAT] Formatangabe]
        [DEF[AULT] Defaultwert]
        [PROMPT Prompt-Text | NOPR[OMPT]]
        [HIDE]
```

Mit dem Befehl ACCEPT (nicht unterstützt in *i*SQL*Plus) werden Benutzereingaben entgegengenommen, zum Beispiel:

```
ACCEPT user_password CHAR -
   PROMPT "Passwort: " HIDE
ACCEPT id NUMBER FORMAT "999.99"
ACCEPT report_date DATE -
   PROMPT "Datum: " FORMAT "dd-mon-yyyy"
```

Die *Formatangabe* kann optional in Klammern eingeschlossen werden. CHAR ist der Default-Datentyp. Verwenden Sie HIDE, wenn die Antwort des Benutzers nicht wiedergegeben werden soll.

APPEND

```
A[PPEND] text
```

APPEND (nicht unterstützt in *i*SQL*Plus) ist ein Editierbefehl, der das Anfügen von Text an die aktuelle Zeile des SQL-Puffers ermöglicht, zum Beispiel:

```
SQL> L
  1* SELECT *
SQL> a  FROM dual
  1* SELECT * FROM dual
```

Der Parameter *text* ist der Text, der der aktuellen Zeile hinzugefügt werden soll.

HINWEIS

Falls ein String mit einem Leerzeichen beginnen soll, müssen nach dem Befehl APPEND zwei Leerzeichen angegeben werden.

ARCHIVE LOG

```
ARCHIVE LOG {LIST |
             STOP |
             START [TO Ziel] |
             NEXT [TO Ziel] |
             ALL [TO Ziel] |
             Log-Sequenznummer [TO Ziel]}
```

Der Befehl ARCHIVE LOG kontrolliert das Archive-Logging oder zeigt Informationen darüber an. Um diesen Befehl verwenden zu können, muss man als SYSDBA, SYSOPER oder INTERNAL angemeldet sein. Ein Beispiel:

```
ARCHIVE LOG LIST
ARCHIVE LOG START
ARCHIVE LOG ALL TO /m01/oradata
```

Der Parameter *Ziel* gibt ein Ziel für die zu archivierenden Log-Dateien an. Häufig ist das ein Verzeichnispfad.

ATTRIBUTE

```
ATTRIBUTE [Objekttyp.Attribut
          |Attribut-Alias [Option [Option ...]]

Option ::= {ALI[AS] Alias |
            CLE[AR] |
            FOR[MAT] Formatangabe |
            LIKE Quellattribut |
            ON |
            OFF}
```

Der Befehl ATTRIBUTE formatiert Attribute eines Oracle-Objekttyps, zum Beispiel:

```
ATTRIBUTE employee_type.employee_salary -
   ALIAS emp_sal
ATTRIBUTE emp_sal FORMAT "$999,999.99"
ATTRIBUTE employee_type.employee_salary -
   FORMAT "$999,999.99"
```

Führt man den Befehl ATTRIBUTE ohne Parameter aus, erhält man eine Liste aller aktuellen Attribut-Einstellungen.

Die Klauseln ALIAS, CLEAR, FORMAT, LIKE, ON und OFF haben die gleiche Funktion wie beim Befehl COLUMN.

BREAK

```
BRE[AK] [ON Elementaktion [ON Elementaktion ...]]

Elementaktion ::= {Element [Aktion1 [Aktion2]]
                  |Element [Aktion2 [Aktion1]]}

Element ::= {Spaltenname | ROW | REPORT}

Aktion1 ::= SKI[P] {Zu_überspringende_Zeilen | PAGE}

Aktion2 ::= {NODUP[LICATES] | DUP[LICATES]}
```

Der Befehl BREAK definiert Seiten- und Zeilenumbrüche auf Grund wechselnder Spaltenwerte in einem Report. Er legt fest, ob doppelte Werte in einer Spalte ausgegeben werden, und steuert die Ausgabe von berechneten Werten wie Gesamt- und Teilsummen. Falls der Befehl BREAK ohne Parameter aufgerufen wird, zeigt SQL*Plus die aktuellen Umbrucheinstellungen an. Es folgen einige gültige BREAK-Befehle:

```
BREAK ON ROW SKIP 1
BREAK ON dept
BREAK ON dept SKIP PAGE
```

BTITLE

```
BTITLE [OFF | ON] | Option [Option ...]

Option ::= {COL x |
            S[KIP] x |
            TAB x |
            LE[FT] |
            CE[NTER] |
            R[IGHT] |
            BOLD |
            FOR[MAT] Formatangabe |
            Text |
            Variable}
```

BTITLE definiert die Fußzeile für Seiten, zum Beispiel:

```
BTITLE S 1 CE "Vertraulich! Nicht kopieren!"
```

Wenn Sie BTITLE verwenden, sollten Sie mit einem der Schüsselwörter beginnen. Andernfalls, wenn der erste Parameter nach dem Befehl nur Text ist, geht SQL*Plus davon aus, dass Sie eine jetzt veraltete Syntax für diesen Befehl verwendet haben. Das führt dazu, dass Sie nicht die gewünschten Ergebnisse erhalten.

Für den Parameter *Variable* können Sie eine Substitutionsvariable verwenden oder eine Variable aus der Liste der besonderen Variablen, die von SQL*Plus verwaltet werden. Eine Aufstellung dieser Variablen finden Sie in Tabelle 6 unter TTITLE.

CHANGE

```
C[HANGE] /alter_Text[/[neuer_Text[/]]
```

CHANGE (nicht unterstützt in *i*SQL*Plus) ist ein Editier-Befehl und erlaubt Suchen und Ersetzen in der aktuellen Zeile des SQL-Puffers. Der Befehl CHANGE kann auch Text löschen, zum Beispiel:

```
SQL> 1
  1* SELECT dummy,smarty FROM duap
SQL> c /duap/dual/
  1* SELECT dummy,smarty FROM dual
```

```
SQL> c /,smarty/
  1* SELECT dummy FROM dual
```

In der Regel wird ein Schrägstrich verwendet, um den alten und den neuen Text-String voneinander abzugrenzen. Es kann jedoch auch jedes andere Zeichen außer einer Zahl oder einem Buchstaben verwendet werden – solange es im Befehl einheitlich verwendet wird.

CLEAR

```
CL[EAR] {BRE[AKS] | BUFF[ER] | COL[UMNS]
        |COMP[UTES] | SCR[EEN] | SQL TIMI[NG]}
```

Der Befehl CLEAR erlaubt ein einfaches Löschen aller Spaltendefinitionen, Umbrucheinstellungen, Berechnungen usw., beispielsweise:

```
CLEAR BREAKS
CLEAR COMPUTES
```

COLUMN

```
COL[UMN] [Spaltenname [ALI[AS] Alias |
                       CLE[AR] |
                       ENTMAP {ON | OFF}
                       FOLD_A[FTER] |
                       FOLD_B[EFORE] |
                       FOR[MAT] Formatangabe |
                       HEA[DING] Überschrift|
                       JUS[TIFY] {LEFT|CENTER
                                 |CENTRE|RIGHT} |
                       LIKE Quellspaltenname |
                       NEWL[INE] |
                       NEW_V[ALUE] Substitutionsvariable |
                       NOPRI[NT] |
                       PRI[NT] |
                       NUL[L] NULL-Text |
                       OLD_V[ALUE] Substitutionsvariable |
                       ON |
                       OFF |
                       TRU[NCATED] |
                       WOR[D_WRAPPED] |
                       WRA[PPED]...]]
```

Der Befehl COLUMN formatiert spaltenorientierte Reportausgaben. Werden keine Parameter angegeben, gibt der Befehl COLUMN die Liste aller aktuellen Spaltenformate aus. Im Folgenden sehen Sie einige Beispielbefehle:

```
COLUMN employee_name HEADING "Name" -
   FORMAT A20 WORD_WRAPPED
COLUMN employee_hire_date -
   HEADING "Hire Date" -
   FORMAT A12 JUSTIFY RIGHT
```

COLUMN-Befehle sind kumulativ. Zwei COLUMN-Befehle, die zwei unterschiedliche Einstellungen für eine Spalte angeben, entsprechen einem Befehl mit beiden Parametern.

COMPUTE

```
COMP[UTE] [Funktionen OF Spaltennamen ON Breaks]

Funktionen ::= Funktion [Funktion ...]

Funktion ::= {AVG | COU[NT] | MAX[IMUM] | MIN[IMUM]|
              NUM[BER]|STD | SUM | VAR[IANCE]}
              [LABEL Label]

Spaltennamen ::= Spaltenname [Spaltenname ...]

Breaks ::= Break [Break ...]

Break ::= Gruppenspaltenname | ROW | REPORT}...]
```

Der Befehl COMPUTE definiert Summenberechnungen in einem Report. Man kann COMPUTE in Zusammenhang mit BREAK verwenden, um Spaltensummen, Durchschnittswerte, Minima, Maxima usw. zu berechnen und auszugeben. Diese Berechnungen werden von SQL*Plus zur Laufzeit des Reports durchgeführt. COMPUTE ist ein komplexer Befehl und muss, um Ergebnisse zu erhalten, immer zusammen mit dem Befehl BREAK verwendet werden, zum Beispiel:

```
BREAK ON project_id
COMPUTE SUM LABEL "Totals" OF hours_logged -
   ON project_id

BREAK ON project_id ON employee_id
COMPUTE SUM OF hours_logged -
   ON project_id, employee_id
```

Der Aufruf von COMPUTE ohne Parameter bewirkt, dass SQL*Plus alle aktuell definierten Compute-Einstellungen auflistet.

CONNECT

```
CONN[ECT] [Benutzername[/Passwort][@Connect] | / | ]
          [AS {SYSOPER | SYSDBA}]
```

Der Befehl CONNECT wird zum Wechsel der Datenbank-Verbindung, zum Anmelden als neuer Benutzer oder zum Anmelden im administrativen Modus verwendet, zum Beispiel:

```
CONNECT SYSTEM/MANAGER@EMPDB
CONNECT /
CONNECT SYSTEM/MANAGER AS SYSDBA
```

COPY

```
COPY [FROM Verbindung] [TO Verbindung]
     {APPEND|CREATE | INSERT | REPLACE}
     Zieltabelle [(Spaltenliste)]
     USING Auswahlanweisung
```

Der Befehl COPY ermöglicht es, SQL*Plus-Daten zwischen zwei Oracle-Datenbanken zu transferieren, zum Beispiel:

```
COPY FROM jeff/bigkid@empdb -
CREATE emp_names (id, name) -
USING SELECT employee_id, employee_name -
      FROM employee
```

ACHTUNG

COPY wird nicht mehr überarbeitet und bietet keine Unterstützung für Datentypen oder Features, die nach oder mit Oracle8*i* Database eingeführt wurden. COPY ist ein veralteter Befehl, und es kann sein, dass er in kommenden Versionen von SQL*Plus entfernt wird.

DEFINE

```
DEF[INE] [Variable [= Text]]
```

Der Befehl DEFINE ermöglicht es, eine Benutzervariable (oder Substitutionsvariable) anzulegen und ihr einen Wert zuzuweisen. Hier ein Beispiel:

```
DEFINE company_name = "Die erfundene Firma"
```

Man kann DEFINE auch verwenden, um den Wert einer oder aller Variablen anzuzeigen, wie in den folgenden Beispielen gezeigt:

```
DEFINE company_name
DEFINE
```

DEL

```
DEL [{b | * | L}[ {e | * | L}]]
```

Der Befehl DEL (nicht unterstützt in *i*SQL*Plus) ist ein Editier-Befehl, zum Löschen einer oder mehrerer Zeilen aus dem Puffer, zum Beispiel:

```
DEL *
DEL 2 3
DEL 2 L
```

Die Parameter *b* und *e* sind Zeilennummern. Verwenden Sie L, um auf die letzte Zeile des Puffers zu verweisen. Verwenden Sie einen Asterisken (*), um auf die aktuelle Zeile zu verweisen.

DESCRIBE

```
DESC[RIBE] [Schema.]Objektname[@Datenbank-Link]
```

Der Befehl DESCRIBE zeigt Informationen über eine Tabelle, einen View, einen Objekttyp, ein Package, eine gespeicherte Prozedur, eine Funktion oder ein Synonym an, zum Beispiel:

```
DESCRIBE employee
DESCRIBE jenny.employee
DESCRIBE employee@other_db
```

Siehe auch: SET DESCRIBE (unter SET).

DISCONNECT

```
DISC[ONNECT]
```

Der Befehl DISCONNECT schließt die Datenbank-Verbindung, ohne jedoch SQL*Plus zu beenden.

EDIT

```
ED[IT] [Datei]
```

Der Befehl EDIT (nicht unterstützt in *i*SQL*Plus) ermöglicht den Aufruf eines externen Editors, um den Inhalt des SQL-Puffers zu editieren:

```
EDIT
```

Alternativ können Sie EDIT einsetzen, um den Inhalt einer Betriebssystemdatei zu bearbeiten:

```
EDIT $ORACLE_BASE/admin/orcl/pfile/init.ora
```

Der Befehl, mit dem der externe Editor aufgerufen wird, kann über die Benutzervariable _EDITOR angegeben werden. Verwenden Sie den Befehl DEFINE, um den Wert von _EDITOR zu ändern.

EXECUTE

```
EXEC[UTE] Anweisung
```

Mittels des Befehls EXECUTE kann eine einzelne PL/SQL-Anweisung ausgeführt werden, zum Beispiel:

```
EXECUTE DBMS_OUTPUT.PUT_LINE('Hallo miteinander');
```

EXIT

```
EXIT [SUCCESS | FAILURE | WARNING | Wert
     |Substitutionsvariable | :Bind-Variable]
     [COMMIT | ROLLBACK]
```

Der Befehl EXIT beendet eine SQL*Plus-Sitzung und kehrt zum Betriebssystem zurück, beispielsweise:

```
EXIT
EXIT SUCCESS
EXIT FAILURE ROLLBACK
```

Standardmäßig wird mit dem Status SUCCESS geendet, außerdem werden alle ausstehenden Transaktionen festgeschrieben.

GET

```
GET Datei [LIS[T] | NOL[IST]]
```

Der Befehl GET (nicht unterstützt in *i*SQL*Plus) liest eine SQL-Anweisung aus einer Datei und lädt diese in den Puffer, zum Beispiel:

```
GET my_report.sql
GET my_report NOLIST
```

Verwenden Sie LIST (der Default) oder NOLIST, um zu steuern, ob der Inhalt der Datei nach dem Laden angezeigt wird oder nicht.

HELP

```
HELP [Thema]
```

Der Befehl HELP ermöglicht eine Hilfsauskunft über SQL*Plus-Befehle. Vor dem Release von Oracle8*i* Database lieferte HELP auch Informationen über die SQL- und PL/SQL-Syntax. HELP wird wie folgt verwendet:

```
HELP INDEX
HELP DESCRIBE
```

Das *Thema* ist der Hilfeeintrag, den man lesen möchte. Der Aufruf von HELP INDEX (HELP MENU in einigen älteren Releases) zeigt eine komplette Liste aller Einträge.

HINWEIS

Einige Windows-Versionen von SQL*Plus, besonders diejenigen vor Oracle9*i* Database, unterstützen keine Onlinehilfe.

HOST

```
HO[ST] [OS-Befehl]
```

Der Befehl HOST (nicht unterstützt in *i*SQL*Plus) ermöglicht die Ausführung von Betriebssystem-Befehlen oder den Aufruf eines Kommandozeilen-Interpreters, um mehrere solcher Befehle auszuführen. Der Aufruf von HOST ohne Angabe eines Befehls liefert einen Befehls-Prompt, von dem aus man verschiedene Befehle absetzen kann. Um zu SQL*Plus zurückzukehren, muss man normalerweise den Betriebssystem-Befehl *exit* verwenden.

INPUT

```
I[NPUT] [Text]
```

Der Befehl INPUT (nicht unterstützt in *i*SQL*Plus) fügt eine oder mehrere Textzeilen nach der aktuellen Zeile in den Puffer ein. Der Parameter *Text* ist der Text, den Sie einfügen möchten. Verwenden Sie diesen Befehl, wenn Sie nur eine Zeile einfügen möchten. Wenn der Befehl INSERT ohne Text abgesetzt wird, wechselt SQL*Plus in den Insert-Modus, in dem man beliebig viele Zeilen eingeben kann. Ein Beispiel:

```
SQL> L
  1  SELECT
```

```
  2* FROM dual
SQL> L 1
  1* SELECT
SQL> I *
SQL> L
  1  SELECT
  2  *
  3* FROM dual
```

LIST

```
L[IST] [{b | * | L}[ {e | * | L}]]
```

Der Befehl LIST ist ein Editierbefehl, der die aktuelle Zeile des Puffers ausgibt. Wird LIST ohne Parameter aufgerufen, werden alle Zeilen im Puffer ausgegeben, zum Beispiel:

```
SQL> L
  1  SELECT
  2  *
  3* FROM dual
SQL> L 2 *
  2  *
  3* FROM dual
SQL> L 1 L
  1  SELECT
  2  *
  3* FROM dual
```

Die Parameter *b* und *e* sind Zeilennummern. Verwenden Sie L, um auf die letzte Zeile des Puffers zu verweisen. Verwenden Sie einen Asterisken (*), um auf die aktuelle Zeile zu verweisen.

PASSWORD

```
PASSW[ORD] [Benutzername]
```

Der Befehl PASSWORD (nicht unterstützt in *i*SQL*Plus) ermöglicht das Ändern des Oracle-Passworts mit Hilfe von SQL*Plus, zum Beispiel:

```
SQL> PASSWORD
Changing password for JONATHAN
Old password: ********
New password: ********
Retype new password: ********
Password changed
```

Der Parameter *benutzername* ist der Benutzer, dessen Passwort geändert werden soll. Die Standardeinstellung ist die Änderung des eigenen Passworts. Das Zugriffsrecht ALTER USER ist nötig, falls man das Passwort eines anderen Benutzers ändern möchte.

PAUSE

```
PAU[SE] [Pausenmeldung]
```

Der Befehl PAUSE (nicht unterstützt in *i*SQL*Plus) weist SQL*Plus an, eine (optionale) Nachricht auszugeben und dann anzuhalten. Der Benutzer muss dann die ENTER-Taste drücken, um weiterarbeiten zu können, beispielsweise:

```
PAUSE "Drücken Sie ENTER, um fortzufahren."
```

PRINT

```
PRI[NT] [Bind-Variable]
```

Der Befehl PRINT zeigt den Wert einer Bind-Variablen an, zum Beispiel:

```
PRINT x
```

Wenn Sie keinen Namen einer bestimmten Bind-Variablen angeben, werden die Werte sämtlicher Bind-Variablen ausgegeben.

PROMPT

```
PRO[MPT] Anzuzeigender_Text
```

Der Befehl PROMPT zeigt eine Nachricht für den Benutzer an.

HINWEIS

Der Prompt-String darf keine Anführungszeichen enthalten. Falls diese angegeben werden, erscheinen sie auch in der Ausgabe.

QUIT

```
QUIT [SUCCESS | FAILURE | WARNING | Wert
     |Substitutionsvariable | :Bind-Variable]
     [COMMIT | ROLLBACK]
```

QUIT funktioniert wie EXIT.

RECOVER

Die Syntax des Befehls RECOVER (nicht unterstützt in *i*SQL*Plus) ändert sich häufig. Weil in Oracle Database 10g viele Änderungen eingeführt wurden, enthält dieser Abschnitt separate Syntaxbeschreibungen für Oracle9*i* Database und Oracle Database 10*g*.

Der Befehl RECOVER leitet eine Medienwiederherstellung auf einer Datenbank, einem Tablespace oder einer Datendatei ein. Um RECOVER verwenden zu können, müssen Sie als SYSDBA oder SYSOPER verbunden sein. Hier sind einige Beispiele:

```
RECOVER TABLESPACE USERS
RECOVER DATABASE UNTIL -
   TIME 20-JAN-2000:16:57:00
```

Der Bindestrich (-) am Ende der ersten Zeile des zweiten RECOVER-Beispiels ist das Zeilenfortsetzungszeichen in SQL*Plus. Sie müssen dieses verwenden, um einen RECOVER-Befehl über einen Zeilenumbruch hinaus zu erstrecken.

ACHTUNG

Verwenden Sie den Befehl RECOVER nur dann, wenn Sie die Recovery-Funktionalität der Datenbank wirklich verstanden haben.

Oracle9i Database Release 2-Syntax

```
RECOVER {Allgemein | Managed | END BACKUP}

Allgemein ::=
   [AUTOMATIC] [FROM Verzeichnis]
   { {vollständige_Datenbank-Wiederherstellung
     |teilweise_Datenbank-Wiederherstellung
     | LOGFILE Datei}
     [Wiederherstellungsoption [Wiederherstellungsoption ...] ]
   | CONTINUE [DEFAULT] | CANCEL}

vollständige_Datenbank-Wiederherstellung ::=
   [STANDBY] DATABASE
   [UNTIL {CANCEL | TIME Datetime | CHANGE SCN}]
   [USING BACKUP CONTROLFILE]
or
```

```
    [STANDBY] DATABASE
    [USING BACKUP CONTROLFILE]
    [UNTIL {CANCEL | TIME Datetime | CHANGE SCN}]

teilweise_Datenbank-Wiederherstellung ::=
    {TABLESPACE Tablespace-Name [, Tablespace-Name]...
    | DATAFILE Datendateiname [, Datendateiname]...
      STANDBY {TABLESPACE Tablespace-Name
       [, Tablespace-Name]...
              | DATAFILE Datendateiname
                        [, Datendateiname]...}
    UNTIL [CONSISTENT] [WITH] CONTROLFILE }

Wiederherstellungsoption ::=
      {TEST | ALLOW Blöcke CORRUPTION
      | PARALLEL [Grad] | NOPARALLEL}

Managed ::=
    MANAGED STANDBY DATABASE
    [ {NODELAY | [TIMEOUT] Minuten
      | CANCEL [IMMEDIATE] [NOWAIT]}
    | [DISCONNECT [FROM SESSION] ] [FINISH [NOWAIT] ] ]
```

AUTOMATIC
: Ermittelt automatisch die Namen der Redo-Log-Dateien, die während eines Recovery eingesetzt werden.

FROM *Verzeichnis*
: Gibt das Verzeichnis an, in dem sich die archivierten Redo-Log-Dateien befinden.

LOGFILE *Datei*
: Startet ein Recovery mit der angegebenen Redo-Log-Datei.

TEST
: Führt ein Versuchs-Recovery durch, bei dem das Redo-Log gelesen und im Speicher angewandt wird, bei dem die Datenbankdateien selbst aber unberührt bleiben.

ALLOW *Blöcke* CORRUPTION
: Gibt die Anzahl der korrupten Blöcke an, die in den Log-Dateien während eines Recovery akzeptiert werden. Man kann nur dann mehrere Blöcke angeben, wenn zusätzlich die Option TEST angegeben wird.

PARALLEL [*Grad*]
Gibt an, dass ein Recovery parallel ausgeführt werden soll. Optional kann der Grad der Parallelisierung zusätzlich angegeben werden. Der Standardgrad für Parallelisierung ist die Zahl der in allen Instanzen verfügbaren CPUs multipliziert mit dem Wert des Initialisierungsparameters PARALLEL_THREADS_PER_CPU.

NOPARALLEL
Gibt an, dass ein Recovery seriell ausgeführt werden soll.

CONTINUE [DEFAULT]
Setzt ein unterbrochenes Multi-Instanz-Recovery fort. Bei Angabe von CONTINUE DEFAULT bestimmt Oracle, welche Log-Datei als nächste verwendet werden soll.

CANCEL
Beendet ein abbruchbasiertes Recovery.

STANDBY
Führt ein Recovery für eine Standby-Datenbank unter Verwendung der Control- und Archived-Redo-Log-Dateien aus der Primärdatenbank durch.

DATABASE
Initialisiert ein Media-Recovery für die gesamte Datenbank. Die Datenbank muss gemountet, darf aber nicht geöffnet sein.

TABLESPACE *Tablespace-Name*
Initialisiert ein Media-Recovery für einen bestimmten Tablespace oder eine Liste von Tablespaces (bis zu einem Maximum von 16). Der Tablespace muss offline sein, wobei die Datenbank gemountet und geöffnet sein muss.

DATAFILE *Datendateiname*
Initialisiert ein Media-Recovery für ein bestimmtes Datafile oder eine Liste von Datafiles. Die Datafiles müssen für ein Recovery offline sein. Solange die Datafiles nicht Bestandteil des SYSTEM-Tablespace sind, kann die Datenbank geöffnet bleiben.

STANDBY TABLESPACE *Tablespace-Name*
Führt ein Recovery für den angegebenen Tablespace in der Standby-Datenbank durch.

STANDBY DATAFILE *Datendateiname*
Führt ein Recovery für das angegebene Datafile in der Standby-Datenbank durch.

UNTIL CANCEL
Ermöglicht es, Log-Dateien schrittweise wiederherzustellen.Dabei kann der Vorgang nach der Verarbeitung jeder Log-Datei abgebrochen werden.

UNTIL CHANGE *SCN*
Führt auf Basis der System-Änderungsnummer (SCN) ein unvollständiges Recovery durch. Beachten Sie, dass für die Transaktion mit der angegebenen Nummer kein Recovery durchgeführt wird.

UNTIL TIME *Datetime*
Führt ein zeitbasiertes Recovery durch. Alle Transaktionen, die vor der Zeitangabe durchgeführt wurden, werden wiederhergestellt.

USING BACKUP CONTROLFILE
Veranlasst, dass das Recovery eine Backup-Steuerungsdatei verwendet.

UNTIL CONSISTENT WITH CONTROLFILE
Führt ein Recovery für die Standby-Datenbank mit Hilfe der Steuerungsdatei dieser Datenbank durch.

MANAGED STANDBY DATABASE
Setzt die Standby-Datenbank in den Sustained-Recovery-Modus.

NODELAY
Verwendet die archivierten Log-Dateien der Standby-Datenbank ohne Verzögerung. Überschreibt jede Verzögerungseinstellung in LOG_ARCHIVE_DEST.

TIMEOUT *Minuten*
Gibt eine Auszeit an, nach der ein Standby-Recovery beendet wird, falls keine Log-Datei verfügbar ist.

CANCEL [IMMEDIATE] [NOWAIT]
Beendet ein Standby-Recovery nach Anwendung der aktuellen archivierten Redo-Log-Dateien. Verwenden Sie die Option IMMEDIATE, um nach dem nächsten Lesen einer Log-Datei zu beenden. NOWAIT entspricht IMMEDIATE, außer dass der Befehl die Kontrolle sofort wieder zulässt.

DISCONNECT [FROM SESSION]
Erzeugt einen Hintergrundprozess, der Redo für die Standby-Datenbank anwendet, so dass man in der aktuellen Sitzung weiterarbeiten kann.

FINISH [NOWAIT]
Wird dann angegeben, wenn das Verwenden sämtlicher primärer Log-Dateien bei der Standby-Datenbank fehlschlägt. Standardmäßig wartet der Befehl, bis das Recovery beendet ist. Bei NOWAIT muss man nicht warten.

Oracle Database 10g-Syntax

```
RECOVER {Allgemein | Managed | Klammer}

Allgemein ::= [AUTOMATIC] [FROM Ort]
            {vollständige_Wiederherstellung | teilweise_
               Wiederherstellung | LOGFILE Datei}
            [allgemeine_Option [allgemeine_Option ...]]

Managed ::= MANAGED STANDBY DATABASE
              {Managed-Wiederherstellung | Abbrechen | Beenden}

Klammer ::= {BEGIN BACKUP | END BACKUP}

vollständige_Wiederherstellung ::= [STANDBY]DATABASE
                     [vollst_Option [vollst_Option ...]]

teilweise_Wiederherstellung ::= {Typ
                          | STANDBY Typ}
                     UNTIL [CONSISTENT WITH]
                     CONTROLFILE

allgemeine_Option ::= {TEST
                    | ALLOW Integer CORRUPTION
                    | Parallel}

Managed-Wiederherstellung ::= Managed-Option
                     [Managed-Option ...]

Abbrechen ::= CANCEL [IMMEDIATE] [WAIT | NOWAIT]

Beenden ::= [DISCONNECT [FROM SESSION]] [Parallel]
            FINISH [SKIP [STANDBY LOGFILE]]
            [WAIT | NOWAIT]

vollst_Option ::= {UNTIL {CANCEL | TIME datetime
                        | CHANGE integer}
                        | USING BACKUP CONTROLFILE}
```

```
Typ ::= {TABLESPACE Tablespace-Name
                  [, Tablespace-Name ...]
                | DATAFILE {Dateiname|Dateinummer}
                  [, Dateiname | Dateinummer ...]}

Managed-Option ::=
                   {{DISCONNECT [FROM SESSION]
                   | TIMEOUT Integer | NOTIMEOUT}
                   | {NODELAY | DEFAULT DELAY
                   | DELAY Integer}
                   | NEXT Integer
                   | {EXPIRE Integer | NO EXPIRE}
                   | Parallel
                   | USING CURRENT LOGFILE
                   | UNTIL CHANGE Integer
                   | THROUGH {[THREAD Integer]
                             SEQUENCE Integer
                             | ALL ARCHIVELOG
                   | {ALL | LAST | NEXT} SWITCHOVER}

Parallel ::= {NOPARALLEL | PARALLEL [Grad]}
```

AUTOMATIC
: Ermittelt automatisch die Namen der Redo-Log-Dateien, die während eines Recovery eingesetzt werden. Standardmäßig werden Sie jeweils zur Eingabe der Namen aufgefordert.

FROM *Ort*
: Gibt das Verzeichnis an, in dem sich die archivierten Redo-Log-Dateien befinden. Standardmäßig wird der Ort verwendet, der durch die Initialisierungsparameter LOG_ARCHIVE_DEST oder LOG_ARCHIVE_DEST_1 angegeben wird.

LOGFILE *Datei*
: Startet ein Recovery mit der angegebenen Log-Datei.

MANAGED STANDBY DATABASE
: Versetzt eine Standby-Datenbank in den unterstützten Wiederherstellungsmodus, in dem Logs von der primären Datenbank automatisch angewendet werden.

BEGIN BACKUP
: Versetzt alle Datenbankdateien in den Online-Backup-Modus.

END BACKUP
: Holt alle Datenbank-Dateien aus dem Online-Backup-Modus heraus.

STANDBY DATABASE
Initiiert eine Wiederherstellung der Standby-Datenbank.

UNTIL [CONSISTENT WITH] CONTROLFILE
Stellt die Datendateien in der Standby-Datenbank wieder her, bis sie mit der Steuerungsdatei der Datenbank übereinstimmen.

TEST
Initiiert eine Test-Wiederherstellung, um Probleme festzustellen, die bei einer echten Wiederherstellung auftreten würden. Redo wird im Speicher angewendet, aber keine der resultierenden Blöcke werden auf die Festplatte geschrieben.

ALLOW *Integer* CORRUPTION
Gibt die Anzahl der zulässigen defekten Blöcke an, bevor eine Wiederherstellungsoperation abgebrochen wird.

CANCEL [IMMEDIATE] [WAIT | NOWAIT]
Bricht eine Wiederherstellung ab. Geben Sie keine Optionen an, um eine Wiederherstellung abzubrechen, nachdem die aktuelle archivierte Redo-Log-Datei angewandt wurde. Verwenden Sie IMMEDIATE, um die Wiederherstellung abzubrechen, nachdem das Redo-Log das nächste Mal gelesen wurde oder nachdem die aktuelle Redo-Log-Datei angewandt wurde, je nachdem, was zuerst erfolgt. Verwenden Sie WAIT, damit der Befehl wartet, bis die Operation abgeschlossen ist. Standardmäßig wird gewartet. Verwenden NOWAIT, wenn Sie zur SQL*Plus-Eingabeaufforderung zurückgeführt werden wollen, ohne zu warten, bis die Operation abgeschlossen ist.

DISCONNECT [FROM SESSION]
Bewirkt, dass die Wiederherstellung im Hintergrund erfolgt, und gibt Ihre Session für andere Arbeiten frei.

FINISH [SKIP [STANDBY LOGFILE]] [WAIT | NOWAIT]
Initiiert die Wiederherstellung aller verbleibenden, nicht-angewandten Redo-Logs auf der Standby-Datenbank. Verwenden Sie SKIP, um die Anwendung der Standby-Redo-Log-Dateien zu überspringen. Verwenden Sie NOWAIT, um direkt zur Eingabeaufforderung zurückzugelangen, ohne darauf zu warten, dass die Wiederherstellungsoperation abgeschlossen ist. Verwenden Sie WAIT, um das Default-Verhalten anzugeben und zu warten, bis die Operation abgeschlossen ist.

UNTIL CANCEL
: Führt zu jedem Zeitpunkt immer die Wiederherstellung einer Log-Datei aus, bis Sie die Operation abbrechen.

UNTIL TIME *Datetime*
: Führt eine Wiederherstellung zu einem bestimmten Datum und einer bestimmten Uhrzeit durch. Datum und Uhrzeit sollten im Format `'YYYY-MM-DD:HH24:MI:SS'` angegeben werden.

UNTIL CHANGE *Integer*
: Führt eine Wiederherstellung auf eine bestimmte System-Änderungsnummer (SCN) durch.

USING BACKUP CONTROLFILE
: Verwendet die Backup-Steuerungsdatei als Basis für die Wiederherstellung.

TABLESPACE *Tablespace-Name*
: Gibt einen wiederherzustellenden Tablespace an.

DATAFILE *Dateiname*
: Gibt eine wiederherzustellende Datendatei an.

Dateinummer
: Gibt die Nummer einer wiederherzustellenden Datendatei an.

TIMEOUT *Integer*
: Gibt in Minuten einen Timeout-Wert an, nach dem eine Wiederherstellung abgebrochen wird, wenn ein verlangtes Archiv-Redo-Log für die Standby-Datenbank nicht verfügbar gemacht wird.

NOTIMEOUT
: Fordert explizit das Default-Verhalten einer fortdauernden Wiederherstellung ohne Timeout an.

NODELAY
: Überschreibt eine eventuelle DELAY-Einstellung in LOG_ARCHIVE_DEST_*n*.

DEFAULT DELAY
: Verzögert die Anwendung einer Redo-Log-Datei um die Anzahl von Minuten, die mit LOG_ARCHIVE_DEST_*n* angegeben wurde.

DELAY *Integer*
: Überschreibt eine DELAY-Einstellung in LOG_ARCHIVE_DEST_*n* mit einem neuen Verzögerungswert, der in Minuten angegeben wird.

NEXT *Integer*
: Überschreibt einen eventuellen Default-DELAY-Wert und wendet die nächsten *Integer*-Log-Dateien an, sobald sie angewendet werden können.

EXPIRE *Integer*
: Setzt die Anzahl von Minuten, über die eine Managed-Wiederherstellung durchgeführt werden soll. Ist die Zeit abgelaufen, wird die Operation beendet.

NOEXPIRE
: Hebt eine möglicherweise für eine Managed-Wiederherstellungsoperation gesetzte Verfallszeit auf.

USING CURRENT LOGFILE
: Stellt Redo von den Standby-Online-Logs wieder her. Macht es überflüssig, diese zuvor zu archivieren.

THROUGH [THREAD *Integer*] SEQUENCE *Integer*
: Führt eine Managed-Standby-Wiederherstellung auf die angegebene Thread- und Sequenznummer durch.

THROUGH ALL ARCHIVELOG
: Führt eine Managed-Standby-Wiederherstellung durch, bis alle Logs angewandt wurden.

THROUGH {ALL | LAST | NEXT} SWITCHOVER
: Setzt eine Managed-Wiederherstellung über alle Switchover-Operationen, nur die nächste Switchover-Operation oder bis zur letzten Switchover-Operation fort.

NOPARALLEL
: Gibt an, dass die Wiederherstellung seriell erfolgen soll.

PARALLEL [*Grad*]
: Gibt an, dass die Wiederherstellung parallel erfolgen soll. Optional kann der Grad der Parallelität angegeben werden. Der Default-Parallelitätsgrad ist die Anzahl der auf allen Instanzen verfügbaren CPUs multipliziert mit dem Wert des Initialisierungsparameters PARALLEL_THREADS_PER_CPU.

REMARK

```
REM[ARK] Kommentar
```

Der Befehl REMARK dient zur Eingabe von Kommentaren in einem SQL*Plus-Skript, zum Beispiel:

```
REM Dieses Skript wurde von Justin Nue geschrieben.
```

REPFOOTER

```
REPF[OOTER] [PAGE] [OFF | ON] | Option [Option ...]

Option ::= {COL x |
            S[KIP] x |
            TAB x |
            LE[FT] |
            CE[NTER] |
            R[IGHT] |
            BOLD |
            FOR[MAT] Formatangabe |
            Text |
            Variable}
```

Der Befehl REPFOOTER definiert eine Report-Fußzeile. Report-Fußzeilen werden auf der letzten Seite eines Reports ausgegeben – nach der letzten Detailzeile und vor dem Bottom-Titel. Siehe TTITLE oder BTITLE für Beispiele zu den verwendeten Parametern.

REPHEADER

```
REPH[EADER] [PAGE] [OFF | ON] | Option [Option ...]

Option ::= {COL x |
            S[KIP] x |
            TAB x |
            LE[FT] |
            CE[NTER] |
            R[IGHT] |
            BOLD |
            FOR[MAT] Formatangabe |
            Text |
            Variable}
```

Der Befehl REPHEADER definiert eine Report-Kopfzeile. Report-Kopfzeilen werden auf der letzten Seite eines Reports ausgegeben – nach der letzten Detailzeile und vor dem Bottom-Titel. Siehe TTITLE oder BTITLE für Beispiele zu den verwendeten Parametern.

RUN

```
R[UN]
```

Der Befehl RUN zeigt den aktuellen Befehl im SQL-Puffer an und führt ihn aus, zum Beispiel:

```
SQL> R
  1* SELECT USER FROM dual

USER
------------------------------
JONATHAN
```

SAVE

```
SAV[E] Datei [CRE[ATE] | REP[LACE] | APP[END]]
```

Der Befehl SAVE (nicht unterstützt in *i*SQL*Plus) schreibt den Inhalt des SQL-Puffers in eine Datei, zum Beispiel:

```
SAVE my_query.sql
SAVE my_query REPLACE
```

Die Default-Dateinamenserweiterung ist *.sql*.

SET

```
SET Parametereinstellung
```

Der Befehl SET dient zum Setzen diverser Einstellungen in SQL*Plus, beispielsweise:

```
SET DEFINE OFF
SET SERVEROUTPUT ON SIZE 1000000 -
   FORMAT WORD_WRAPPED
SET NULL '***'
```

Parameter-Einstellungen

SET APPI[NFO] {<u>ON</u> | OFF | *Anwendungstext*}
: Kontrolliert die automatische Registrierung von Befehlsdateien zur Verwendung mit dem Package DBMS_APPLICATION_INFO.

SET ARRAY[SIZE] {<u>15</u> | *Arraygröße*}
: Setzt die Anzahl Zeilen, die SQL*Plus zurückgibt, wenn eine Datenbank-Abfrage ausgeführt wird.

SET AUTO[COMMIT] {ON | OFF | IMMEDIATE | *Anweisungszähler*}
Kontrolliert, ob SQL*Plus automatisch ein Commit für die Änderungen durchführt. Dabei wird auch die Zahl der Anweisungen angegeben, die zwischen den Commits ausgeführt werden können.

SET AUTOP[RINT] {ON | OFF}
Kontrolliert, ob SQL*Plus automatisch den Inhalt der Bind-Variablen ausgibt, nachdem diese in einer SQL-Anweisung oder in einem PL/SQL-Block referenziert wurden.

SET AUTORECOVERY {ON | OFF}
Wenn dies eingeschaltet ist, erlaubt der Befehl RECOVER die Ausführung ohne Benutzerintervention.

SET AUTOT[RACE] {ON | OFF | TRACE[ONLY]} [EXP[LAIN]] [STAT[ISTICS]]
Schaltet die automatische Anzeige von Ausführungsplan und Ausführungsstatistiken für eine SQL-Anweisung ein und aus.

SET BLO[CKTERMINATOR] {.|*Beendigungszeichen* | ON | OFF}
Setzt das begrenzende Zeichen für einen PL/SQL-Block. Standardmäßig ist dies ein Punkt.

SET BUF[FER] {*Puffername* | SQL}
Ermöglicht den Wechsel zwischen Puffern. Beachten Sie, dass nur der SQL-Puffer für SQL-Anweisungen verwendet werden kann.

SET CLOSECUR[SOR] {ON | OFF}
Kontrolliert, ob SQL*Plus den Anweisungs-Cursor ständig geöffnet hält.

SET CMDS[EP] {ON | OFF | *Trennzeichen* }
Kontrolliert, ob man mehrere SQL-Anweisungen in einer Zeile eingeben kann, und setzt das Trennzeichen. Schaltet man diese Option ein, ist standardmäßig ein Semikolon das Trennzeichen.

SET COLSEP *Spaltentrenner*
Kontrolliert den Text, der Spalten von Daten separiert. Standardmäßig wird ein Leerzeichen zur Trennung von Spalten verwendet.

SET COM[PATIBILITY] {V7 | V8 | NATIVE}
Gibt die Oracle-Version an, mit der SQL*Plus kompatibel sein soll. Standardmäßig entscheidet das SQL*Plus automatisch.

SET CON[CAT] {ON | OFF | *Verkettungszeichen*}
Spezifiziert das Verkettungszeichen, das das Ende eines Substitutionsvariablennamens in einem SQL*Plus-Befehl, einer SQL-Anweisung oder einem PL/SQL-Block markiert. Standardmäßig ist dieses Zeichen ein Punkt.

SET COPYC[OMMIT] *Batch-Zähler*
Kontrolliert, wie oft SQL*Plus während eines COPY-Befehls ein Commit durchführt. Standardmäßig ist 0 eingestellt.

SET COPYTYPECHECK {ON | OFF}
Kontrolliert, ob eine Typprüfung durchgeführt wird, wenn mittels des Befehls COPY Daten einer Tabelle in eine andere kopiert werden.

SET DEF[INE] {ON | OFF | *Präfixzeichen*}
Spezifiziert das Zeichen, das eine Substitutionsvariable definiert. Standardmäßig ist dies das Ampersand-Zeichen (&).

SET DESCRIBE [DEPTH {1 | *Stufe* | ALL}] [LINENUM {ON | OFF} [INDENT {ON | OFF}
Legt das Verhalten für den Befehl DESCRIBE fest. DEPTH kontrolliert die Ebene bei einem rekursiven Vorgehen (z.B. kann eine Tabelle eine Objektspalte enthalten, die wiederum eine geschachtelte Tabelle enthalten kann usw.). LINENUM fügt der Ausgabe von DESCRIBE Zeilennummern hinzu. INDENT rückt die Beschreibungen von geschachtelten Objekten ein.

SET DOC[UMENT] {ON | OFF}
Kontrolliert, ob SQL*Plus einen Dokumentationsblock durch den Befehl DOCUMENT erzeugt.

SET ECHO {ON | OFF}
Kontrolliert, ob SQL*Plus die Befehle, die durch eine Befehlsdatei ausgeführt werden, anzeigt.

SET EDITF[ILE] *Datei*
(In *i*SQL*Plus nicht unterstützt.)

Gibt den Namen der Arbeitsdatei an, wenn ein externer Editor mittels des Befehls *EDIT* aufgerufen wird. Standardmäßig lautet der Name *afiedt.buf*.

SET EMB[EDDED] {ON | OFF}
Schaltet das Embedded-Report-Feature an oder aus. Dies ermöglicht die Verknüpfung zweier Reports in einem, ohne dabei die Seitennummerierung zurückzusetzen.

SET ESC[APE] {ON | OFF | *Escape-Zeichen* }
Spezifiziert das Escape-Zeichen, das zu Beginn eines Präfixzeichens der Substitutionsvariablen (normalerweise ein Ampersand bzw. &) steht, wenn dieses Zeichen literal und nicht als Bestandteil eines Variablennamens interpretiert werden soll. Standardmäßig ist dies ein Backslash (\).

SET FEED[BACK] {ON | OFF | 6 | *Zeilengrenze*}
Kontrolliert, ob und wann SQL*Plus die Anzahl der Zeilen einer SQL-Anweisung anzeigt.

SET FLAGGER {OFF | ENTRY | INTERMED[IATE] | FULL}
Kontrolliert, ob SQL*Plus Anweisungen bezüglich der ANSI/ISO-Norm prüfen soll.

SET FLU[SH] {ON | OFF}
(in *i*SQL*Plus nicht unterstützt)

Kontrolliert, ob die Ausgabe gepuffert erfolgen soll.

SET HEA[DING] [ON | OFF]
Kontrolliert, ob Spaltenüberschriften angezeigt werden sollen, wenn Daten ausgewählt werden.

SET HEADS[EP] {ON | OFF | *Überschrifttrennzeichen* }
Kontrolliert das Zeichen für einen Zeilenumbruch in einer Spaltenüberschrift. Standardmäßig ist dies ein Senkrechtstrich (|).

SET INSTANCE [*Dienstname* | LOCAL]
Gibt den Standard-Net-Servicenamen an, der mit dem Befehl CONNECT verwendet werden soll.

SET LIN[ESIZE] *Zeilenbreite*
Gibt die Zeilenlänge in Anzahl Zeichen an. Der Standardwert für LINESIZE beträgt 80 Zeichen.

SET LOBOF[FSET] *Offset*
Gibt den Index einer LONG-Spalte an, der das erste anzuzeigende Zeichen anzeigt. Standardmäßig ist dies 1.

SET LOGSOURCE *Log-Pfad*
Teilt SQL*Plus mit, wo die Log-Datei für ein Recovery zu finden ist. Es gibt keinen Standardwert.

SET LONG *LONG-Länge*
Gibt die maximale Anzahl von Zeichen an, die aus einer Spalte vom Typ LONG angezeigt werden können. Der Standardwert ist 80.

SET LONGC[HUNKSIZE] *Größe*
Kontrolliert die Anzahl Zeichen, die pro Zugriff aus einer LONG-Spalte erhalten werden. Standardmäßig sind dies 80.

SET MAXD[ATA] *Max-Zeilenlänge*
Setzt die maximale Satzlänge, die SQL*Plus verarbeiten kann. Diese Einstellung ist optional, und es gibt keinen Standardwert.

SET MARKUP ::= HTML [ON | OFF] [HEAD "*Text*"] [BODY "*Text*"] [TABLE "*Text*"] [ENTMAP {ON | OFF}] [SPOOL {ON | OFF} [PREFORMAT {ON | OFF}]
Ermöglicht die Angabe der zu verwendenden Markup-Sprache, wenn die Ausgabe erzeugt wird. Die HTML-Option muss angegeben werden. Die anderen Markup-Optionen sind optional.

HTML [ON | OFF]
Legt fest, ob HTML als Markup-Sprache verwendet wird oder nicht.

HEAD "*Text*"
Spezifiziert den Inhalt für das Tag `<head>`. Das Tag wird dann folgendermaßen geschrieben: `<head>`*`text`*`</head>`.

BODY "*Text*"
Spezifiziert den Inhalt für das Tag `<body>`. Das Tag wird dann folgendermaßen geschrieben: `<body` *`text`*`>`.

TABLE "*Text*"
Gibt den Inhalt des `<table>`-Tags an, das verwendet wird, um die Ausgabe von Abfragen zu formatieren. Das Tag wird dann folgendermaßen geschrieben: `<table` *`text`*`>`.

ENTMAP {ON | OFF}
Kontrolliert, ob SQL*Plus für spezielle Zeichen wie »<« und »>« HTML-Äquivalente wie »<« und »>« verwendet.

SPOOL {ON | OFF}
Kontrolliert, ob SQL*Plus `<head>`- und `<body>`-Tags in die Spool-Datei schreibt, wenn eine Ausgabe in HTML erfolgt.

PRE[FORMAT] {ON | OFF}
Kontrolliert, ob der erzeugte Report in die Tags `<pre>`...`</pre>` eingeschlossen wird, anstatt in eine HTML-Tabelle geschrieben zu werden.

SET NEWP[AGE] {*auszugebende_Zeilen* | NONE}
Kontrolliert die Anzahl Zeilen, die SQL*Plus zwischen zwei Seiten ausgibt. Ein Wert von 0 hat zur Folge, dass SQL*Plus ein Seitenvorschub-Zeichen zwischen den Seiten ausgibt. Der Standard ist 1.

SET NULL *NULL-Text*
Spezifiziert den Text, den SQL*Plus zur Darstellung von NULL-Werten verwenden soll. Standardmäßig wird NULL durch ein Leerzeichen dargestellt.

SET NUMF[ORMAT] *Formatangabe*
Setzt das Standard-Anzeigeformat für Zahlen. Es gibt keinen Standardwert.

SET NUM[WIDTH] {10 | *Breite*}
Setzt die Standard-Anzeigebreite für Zahlen. SET NUMFORMAT hat Vorrang vor diesem Wert.

SET PAGES[IZE] *Zeilen_pro_Seite*
Gibt die Anzahl ausgebbarer Zeilen auf einer Seite an. Der Standard ist 24.

SET PAU[SE] {ON | OFF | *Pausenmeldung*}
Kontrolliert, ob SQL*Plus nach jeder Seitenausgabe eine Pause macht.

SET RECSEP {WR[APPED] | EA[CH] | OFF}
Kontrolliert, ob eine Satz-Trennzeile zwischen Ausgabezeilen ausgegeben wird. Der Standard ist, dass eine Satz-Trennzeile nur ausgegeben wird, wenn ein Spaltenwert in einem Satz umbrochen wurde.

SET RECSEPCHAR *Trennzeichen*
Kontrolliert das Zeichen für den Satz-Trenner. Standardmäßig ist dies eine Zeile bestehend aus Leerzeichen.

SET SCAN {ON | OFF}
Schaltet die Benutzervariablen-Substitution an oder aus. Die Option ist veraltet. Verwenden Sie stattdessen SET DEFINE.

SET SERVEROUT[PUT] {ON | OFF}
[SIZE *Puffergröße*] [FOR[MAT] {WRA[PPED] |
WOR[D_WRAPPED] | TRU[NCATED]}
Kontrolliert, ob SQL*Plus eine Ausgabe für PL/SQL-Blöcke erzeugt.

SET SHIFT[INOUT] {VIS[IBLE] | INV[ISIBLE]}
(In *i*SQL*Plus nicht unterstützt.)

Kontrolliert die Anzeige von Shift-Zeichen für IBM-3270-Terminals.

SET SHOW[MODE] {ON | OFF | BOTH}
(In *i*SQL*Plus nicht unterstützt.)

Kontrolliert, ob SQL*Plus die alten und neuen Werte anzeigt, wenn man Einstellungen ändert.

SET SPACE *Anzahl_Leerzeichen*
Gibt die Anzahl Leerzeichen an, die zwischen Spalten ausgegeben werden. Der Standard ist 1. Diese Option ist veraltet. Verwenden Sie stattdessen SET COLSEP.

SET SQLBLANKLINES {ON | OFF}
(In *i*SQL*Plus nicht unterstützt.)

Kontrolliert, ob innerhalb von SQL-Anweisungen Leerzeilen eingegeben werden können. Dieses Feature gibt es seit Release 8.1.5.

SET SQLC[ASE] {MIXED | UPPER | LOWER}
Kontrolliert die automatische Schreibweisen-Konvertierung von SQL-Anweisungen und PL/SQL-Blöcken.

SET SQLCO[NTINUE] *Fortsetzungs-Prompt*
(In *i*SQL*Plus nicht unterstützt.)

Erlaubt den Wechsel des Fortsetzungs-Prompts bei Mehrzeilen-SQL-Anweisungen. Der Standard ist das Größer-Zeichen (>).

SET SQLN[UMBER] {ON | OFF}
(In *i*SQL*Plus nicht unterstützt.)

Kontrolliert, ob SQL*Plus eine Zeilennummer als Prompt ausgeben soll, wenn man eine Mehrzeilen-SQL-Anweisung eingibt.

SET SQLPLUSCOMPAT[IBILITY] *Version.Release*[*.Update*]
Gibt an, dass sich SQL*Plus mit der Vorgängerversion der Software kompatibel verhalten soll, zum Beispiel: SET SQLPLUSCOMPATIBILITY 10.1.0.

SET SQLPRE[FIX] *Präfix-Zeichen*
(In *i*SQL*Plus nicht unterstützt.)

Spezifiziert das SQL*Plus-Präfixzeichen, das ermöglicht, einen SQL*Plus-Befehl auszuführen, während man eine SQL-Anweisung oder einen PL/SQL-Block in den Puffer kopiert. Der Standard ist das Pfundzeichen (#).

SET SQLP[ROMPT] *Prompt-Text*
(In *i*SQL*Plus nicht unterstützt.)

Erlaubt die Änderung des Befehls-Prompts in SQL*Plus. Der Standard ist SQL>.

SET SQLT[ERMINATOR] {ON | OFF | *Beendigungszeichen* }
Kontrolliert, ob eine SQL-Anweisung ausgeführt wird, wenn sie mit einem Semikolon abgeschlossen wird. Mit dieser Anweisung kann statt des Semikolons ein anderes Abschlusszeichen definiert werden.

SET SUF[FIX] *Erweiterung*
(In *i*SQL*Plus nicht unterstützt.)

Spezifiziert die Standarderweiterung für Befehlsdateien. Standardmäßig ist dies *.sql*.

SET TAB {ON | OFF}
(In *i*SQL*Plus nicht unterstützt.)

Kontrolliert, ob SQL*Plus Tabulatorzeichen zur Formatierung von Leerzeichen verwendet.

SET TERM[OUT] {ON | OFF}
(In *i*SQL*Plus nicht unterstützt.)

Kontrolliert, ob SQL*Plus eine Ausgabe für eine SQL*Plus-Skriptdatei erzeugt.

SET TI[ME] {ON | OFF}
(In *i*SQL*Plus nicht unterstützt.)

Kontrolliert, ob SQL*Plus die aktuelle Uhrzeit als Bestandteil des Befehls-Prompts ausgibt.

SET TIMI[NG] {ON | OFF}
Kontrolliert, ob SQL*Plus die vergangene Ausführungszeit für jede SQL-Anweisung oder jeden PL/SQL-Block anzeigt.

SET TRIM[OUT] {ON | OFF}
(In *i*SQL*Plus nicht unterstützt.)

Kontrolliert, ob SQL*Plus führende Leerzeichen von ausgegebenen Zeilen auf dem Bildschirm entfernt.

SET TRIMS[POOL] {ON | OFF}
(In *i*SQL*Plus nicht unterstützt.)

Kontrolliert, ob SQL*Plus führende Leerzeichen von ausgegebenen Zeilen aus einer Spool-Datei entfernt.

SET TRU[NCATE] {ON | OFF}
Kontrolliert, ob SQL*Plus lange Zeilen kürzt.

SET UND[ERLINE] {*Unterstreichungszeichen* | {ON | OFF}}
Setzt das Zeichen zum Unterstreichen von Spaltenüberschriften. Der Standard ist ein Bindestrich.

SET VER[IFY] {ON | OFF}
Kontrolliert, ob SQL*Plus Zeilen vor und nach der Substitution von Variablen ausgibt.

SET WRA[P] {ON | OFF}
Kontrolliert, ob SQL*Plus lange Zeilen umbricht oder kürzt.

SHOW

```
SHO[W] { Einstellung
       ALL |
       BTI[TLE] |
       ERR[ORS]
          [{FUNCTION | PROCEDURE | PACKAGE | PACKAGE BODY
           | TRIGGER | TYPE | TYPE BODY | VIEW}
           [Eigentümer.]Objektname] |
       LNO |
       PARAMETER[S] [Parametername] |
       PNO |
       REL[EASE] |
       REPF[OOTER] |
       REPH[EADER] |
       SGA |
       SPOO[L] |
       SQLCODE |
       TTI[TLE] |
       USER}
```

Der Befehl SHOW ermöglicht die Anzeige der aktuellen Einstellungen der SQL*Plus-Umgebung, zum Beispiel:

```
SHOW PARAMETER db_block_buffers
SHOW LINESIZE
SHOW TTITLE
```

Sie können auch SHOW ERRORS verwenden, um die Fehlermeldungen einzusehen, die aus Versuchen resultieren, eine Stored Procedure, eine Funktion oder ein ähnliches Objekt anzulegen.

SHUTDOWN

```
SHUTDOWN [NORMAL | IMMEDIATE
         | TRANSACTIONAL [LOCAL] | ABORT]
```

Der Befehl SHUTDOWN ermöglicht es, eine Datenbank-Instanz herunterzufahren. Um SHUTDOWN verwenden zu können, muss man als SYSDBA oder SYSOPER angemeldet sein. Ein Beispiel:

```
SHUTDOWN
SHUTDOWN IMMEDIATE
```

Verwenden Sie NORMAL, um zu warten, bis die Benutzer die Verbindung freiwillig beenden, IMMEDIATE, um die Verbindung jedes Benutzers sofort zu beenden, sobald seine aktuellen Anweisungen abgeschlossen sind, TRANSACTONAL, um die Verbindungen der Benutzer zu beenden, wenn ihre Transaktionen abgeschlossen sind, TRANSACTIONAL LOCAL, um nicht zu warten, bis verteilte Transaktionen abgeschlossen sind, oder ABORT, um die Instanz sofort zu beenden. Wenn Sie ABORT verwenden, ist das so, als hätten Sie die Instanz zum Absturz gebracht. Wenn Sie die Instanz anschließend das nächste Mal wieder öffnen, erfolgt automatisch eine Absturz-Wiederherstellung.

SPOOL

```
SP[OOL] Datei [Option] | OFF | OUT

Option ::= {CRE[ATE] | REP[LACE] | APP[END]}
```

Der Befehl SPOOL (nicht unterstützt in *i*SQL*Plus) ermöglicht eine Ausgabe in eine Textdatei, zum Beispiel:

```
SPOOL c:\data\emp_pay_report
SPOOL OFF
```

Die Default-Erweiterung ist betriebssystemabhängig und in der Regel entweder *.lst* oder *.lis*. Als Teil des Dateinamens kann ein Pfad angegeben werden.

START

```
STA[RT] {Skriptdatei | URL} [Argument [Argument ...]]
```

START startet ein SQL*Plus-Skript. Siehe At-Zeichen (@) für ein Beispiel. START und die @-Funktion funktionieren identisch.

STARTUP

```
STARTUP {Optionen | Upgrade-Optionen}

Optionen ::= [FORCE] [RESTRICT]
             [PFILE=Parameterdatei]
             [QUIET] [Laden]

Laden ::= {MOUNT [Datenbank]
          | OPEN [OPEN-Optionen]
          | NOMOUNT}

OPEN-Optionen ::= {READ {ONLY | WRITE [RECOVER]}
                  | RECOVER}

Upgrade-Optionen ::= [PFILE=Parameterdatei]
                     {UPGRADE | DOWNGRADE}
                     [QUIET]
```

Der Befehl STARTUP ermöglicht den Start einer Oracle-Instanz und öffnet eine Datenbank, zum Beispiel:

```
STARTUP
STARTUP RESTRICT
STARTUP PFILE = c:\temp\tempinit.ora
```

Um STARTUP verwenden zu können, muss man als SYSDBA oder SYSOPER angemeldet sein.

Wenn Sie PFILE verwenden, liest SQL*Plus die Parameterdatei, nicht die Oracle-Instanz. Deswegen muss der Pfad zur Parameterdatei relativ zur Maschine angegeben werden, auf der SQL*Plus läuft.

STORE

```
STORE SET Datei [CRE[ATE] | REP[LACE] | APP[END]]
```

Der Befehl STORE (nicht unterstützt in *i*SQL*Plus) generiert eine Datei mit sämtlichen SET-Befehlen der aktuellen Einstellungen, zum Beispiel:

```
STORE SET current_settings REPLACE
...
@current_settings
```

In diesem Beispiel speichert der erste Befehl die aktuellen Einstellungen, während der zweite Befehl die Datei ausführt, die durch den STORE-Befehl generiert wurde.

TIMING

```
TIMI[NG] [START Timer-Name] | SHOW | STOP]
```

Der Befehl TIMING ermöglicht es, einen Timer zu starten, zu stoppen oder seinen Wert anzuzeigen, um die verstrichene Zeit zu messen. Hier ein Beispiel:

```
TIMING START emp_query_timer
TIMING SHOW
TIMING STOP
```

TTITLE

```
TTITLE [OFF | ON] | Option [Option ...]

Option ::= {[COL x |
             S[KIP] x |
             TAB x |
             LE[FT] |
             CE[NTER] |
             R[IGHT] |
             BOLD |
             FOR[MAT] Formatangabe |
             Text |
             Variable]}
```

Der Befehl TTITLE definiert den Seitentitel für einen Report, zum Beispiel:

```
TTITLE CENTER 'Die erfundene Firma' SKIP 3 -
LEFT 'I.S.-Abteilung' -
RIGHT 'Projektstunden- und Dollar-Report'

TITLE RIGHT FORMAT 999 SQL.PNO
```

Der Aufruf des Befehls TTITLE ohne Parameter veranlasst SQL*Plus, die aktuellen Einstellungen anzuzeigen.

Für den Parameter *Variable* können Sie eine Substitutionsvariable angeben oder eine der Systemvariablen, die in SQL*Plus verwendet werden. Diese werden in Tabelle 6 erläutert.

*Tabelle 6: SQL*Plus-Systemvariablen*

Systemvariable	Wert
SQL.PNO	Die aktuelle Seitenzahl.
SQL.LNO	Die aktuelle Zeilennummer.
SQL.RELEASE	Die aktuelle Oracle-Release.
SQL.SQLCODE	Der Fehlercode der letzten SQL-Abfrage.
SQL.USER	Der Oracle-Benutzername des Benutzers, der den Report gestartet hat.

UNDEFINE

UNDEF[INE] *Variable* [*Variable* ...]

Der Befehl UNDEFINE löscht die Definition einer Benutzervariablen, zum Beispiel:

```
UNDEFINE emp_name
UNDEFINE emp_name proj_name
```

Der Parameter *Variable* ist der Name der zu löschenden Benutzervariablen. Es können mehrere Variablen mit einem Befehl gelöscht werden, indem diese, durch Leerzeichen getrennt, aufgelistet werden.

VARIABLE

VAR[IABLE] *Variablenname Datentyp*

Der Befehl VARIABLE deklariert Bind-Variablen, zum Beispiel:

```
VARIABLE x NUMBER
VARIABLE query_results REFCURSOR
VARIABLE emp_name VARCHAR2(40)
```

Bind-Variablen sind echte Variablen, die innerhalb eines PL/SQL-Blocks oder einer SQL-Anweisung verwendet werden können. Der Aufruf des Befehls VARIABLE ohne Parameter listet alle aktuell definierten Bind-Variablen auf.

SQL*Plus unterstützt die folgenden Datentypen für Bind-Variablen:

NUMBER
: Erzeugt eine Fließkommazahl und entspricht einer NUMBER-Variablen in PL/SQL oder einer NUMBER-Spalte in einer Tabelle. Im Gegensatz zu PL/SQL kann man in SQL*Plus keine Länge oder Genauigkeit angeben. Eine Deklaration wie NUMBER (9,2) ist somit nicht erlaubt.

BINARY_FLOAT
: Erzeugt einen BINARY_FLOAT-Wert. Nicht verfügbar vor Oracle9*i* Database.

BINARY_DOUBLE
: Erzeugt einen BINARY_DOUBLE-Wert. Nicht verfügbar vor Oracle9*i* Database.

CHAR [(*Länge* [CHAR | BYTE])]
: Erzeugt einen Zeichen-String fester Länge. Die Länge ist optional. Falls diese nicht angegeben wird, wird ein Ein-Byte-String angelegt.

NCHAR [(*Länge*)]
: Erzeugt einen Zeichen-String fester Länge mit dem nationalen Zeichensatz. Die Länge ist optional. Falls diese nicht angegeben wird, wird ein Ein-Zeichen-String angelegt.

VARCHAR2 (*Länge* [CHAR | BYTE])
: Erzeugt einen Zeichen-String variabler Länge.

NVARCHAR2 (*Länge*)
: Erzeugt einen Zeichen-String variabler Länge mit dem nationalen Zeichensatz.

CLOB
: Erzeugt eine große Zeichenobjekt-Variable (CLOB).

NCLOB
: Erzeugt eine CLOB-Variable mit dem nationalen Zeichensatz.

REFCURSOR
: Erzeugt eine Cursor-Variable, die für die Ausgabe der Resultate einer SQL-Abfrage aus PL/SQL in SQL*Plus verwendet werden kann.

WHENEVER

```
WHENEVER {OSERROR | SQLERROR}
         {EXIT [SUCCESS | FAILURE | Wert
               | :Bind-Variable | Substitutionsvariable]
               [COMMIT | ROLLBACK]
         | CONTINUE [COMMIT | ROLLBACK | NONE]}
```

Der Befehl WHENEVER kontrolliert das Verhalten von SQL*Plus, wenn ein Betriebssystem-Fehler oder ein SQL-Fehler auftritt, zum Beispiel:

```
WHENEVER OSERROR EXIT FAILURE
WHENEVER SQLERROR EXIT FAILURE ROLLBACK
WHENEVER SQLERROR CONTINUE
```

Index

J

K

L

M

T

O'Reillys Taschenbibliothek

kurz & gut

Oracle PL/SQL, 3. Auflage

Steven Feuerstein, Bill Pribyl & Chip Dawes, 159 Seiten 2005, 9,90 €, ISBN 3-89721-509-8

Dieses Buch bietet Ihnen eine Zusammenfassung der Sprachelemente und Funktionen von Oracle PL/SQL und behandelt unter anderem folgende Themen: grundlegende Sprachelemente (Bezeichner, Variablen, Datentypen, Deklarationen), Datensätze, Prozeduren, Funktionen, Trigger, Packages und Collections sowie Oracle10g-Features wie reguläre Ausdrücke, Kompilierzeit-Warnungen, zusätzliche Funktionalitäten für geschachtelte Tabellen und neue Datentypen (BINARY_FLOAT und BINARY_DOUBLE).

Oracle SQL*Plus, 3. Auflage

Jonathan Gennick, 150 Seiten, 2005, 9,90 € ISBN 3-89721-513-6

*Oracle SQL*Plus – kurz & gut, 3. Auflage* ist für jeden Oracle-Administrator und -Entwickler eine nützliche Informationsquelle für die Arbeit mit Oracles interaktivem Abfrage-Tool SQL*Plus. Das Buch bietet eine kompakte Zusammenfassung der Syntax von SQL*Plus sowie eine Referenz zu den SQL*Plus-Befehlen und -Formatelementen. Die dritte Auflage berücksichtigt die neuen Features von Oracle 10g und ist darüber hinaus um Abschnitte zum browserbasierten *i*SQL*Plus erweitert worden.

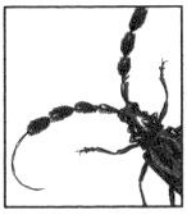

Oracle DBA Checklisten

RevealNet, 88 Seiten, 2001, 8,- € ISBN 3-89721-236-6

Oracle DBA Checklisten – kurz & gut ist eine Kurzreferenz, die die große Aufgabenvielfalt von Oracle-Datenbankadministratoren in einfach zu nutzenden Checklisten zusammenfasst. Immer wieder auftretende administrative Abläufe und Routineprozeduren können in dem handlichen Bändchen schnell nachgeschlagen und Schritt für Schritt durchgeführt werden.

Oracle SQL Tuning

Mark Gurry, 116 Seiten, 2002, 8,- € ISBN 3-89721-242-0

Oracle SQL Tuning – kurz & gut bietet Oracle-Datenbankadministratoren und -Entwicklern praktische Lösungen für typische Probleme beim Tunen von SQL-Anweisungen. Neben diesen konkreten Lösungsansätzen für die Verwendung des regel- und des kostenbasierten Optimizers versammelt das handliche Bändchen eine Fülle von nützlichen Tuning-Tipps und Beispielen und beschreibt den Einsatz des DBMS_STATS-Packages für Statistiken. Das Buch deckt Oracle 9*i* ab.

Linux & Sicherheit

Linux Server-Sicherheit, 2. Auflage

Michael D. Bauer, 598 Seiten, 2005, 44,- €
ISBN 3-89721-413-X

Erklärt die Prinzipien verlässlicher Systeme und der Netzwerksicherheit, zeigt typische Risiken auf, gibt praktische Tips für gängige Sicherungsaufgaben und kombiniert das mit profunden und detaillierten Beschreibungen der technischen Werkzeuge, die für einen bestimmten Einsatz empfohlen werden.

Linux-Firewalls – Ein praktischer Einstieg

Andreas Lessig, 566 Seiten, 2003, 38,- €
ISBN 3-89721-357-5

Hilft Ihnen, die für Sie geeignete Firewall-Lösung zu finden und Schritt für Schritt zu realisieren: Ob Sie nun Ihre privaten Computer zu Hause oder das lokale Netz Ihrer Firma und Ihren Webserver schützen wollen.

Linux Server Hacks

100 Insider-Tricks & Tools, Rob Flickenger
272 Seiten, 2003, 26,- €, ISBN 3-89721-361-3

Linux Server Hacks ist eine Sammlung von 100 thematisch sortierten Tricks und Tools, die dabei helfen, vertrackte Probleme der Linux-Systemadministration zu lösen. Alle Hacks stammen von Experten, lassen sich in wenigen Minuten lesen – und sparen Stunden mühevoller Arbeit.

Linux-Sicherheits-Kochbuch

Daniel J. Barrett, Richard E. Silverman & Robert G. Byrnes
364 Seiten, 2004, 38,- €, ISBN 3-89721-364-8

Dieses Kochbuch bietet Linux-System- und Netzwerkadministratoren jede Menge praktischer und leicht nachvollziehbarer Rezepte mit Lösungen und Code für alltäglich anfallende Sicherheitsaufgaben. Dabei werden u.a. Themen behandelt wie das Verschlüsseln von E-Mail mit Emacs, Zugangsbeschränkungen für Netzwerkdienste, der Aufbau einer Firewall usw.

O'REILLY®
www.oreilly.de

O'Reillys Taschenbibliothek

kurz & gut

SQL

Jonathan Gennick, 172 Seiten, 2004, 9,90 €
ISBN 3-89721-268-4

Bietet die wichtigsten Informationen zu SQL in einem kompakten, übersichtlichen Format und deckt die vier am weitesten verbreiteten SQL-Varianten ab: Oracle, IBM DB2, Microsoft SQL Server und MySQL.

JUnit

Kent Beck, 108 Seiten, 2005, 8,- €, ISBN 3-89721-230-7

Versammelt all die Informationen, die man bei der praktischen Arbeit mit JUnit noch einmal nachschlagen möchte. Enthält neben Referenzmaterial zu JUnit die wichtigsten Informationen zum Testen von Programmcode allgemein, zum Prinzip des Test First und zum Schreiben und Ausführen von Unit-Tests mit JUnit.

Jakarta Struts

Chuck Cavaness & Brian Keeton, 150 Seiten, 2004, 9,90 €, ISBN 3-89721-261-7

Jakarta Struts – kurz & gut dokumentiert alle Komponenten und Core-Features des Struts-Framework und enthält detaillierte Informationen zu der umfangreichen Tag-Bibliothek.

Ant

Stefan Edlich, 88 Seiten, 2002, 8,- €, ISBN 3-89721-241-2

Das Bändchen enthält neben einer knappen Einführung in die Arbeit mit Ant eine vollständige Referenz der Built-in-Tasks und ihrer jeweiligen Attribute sowie kurze Beispiele für ihre Verwendung.

Apache

Andrew Ford, 120 Seiten, 2001, 8,- €, ISBN 3-89721-224-2

Behandelt werden Optionen, Module, Hilfsprogramme, Betrieb und Konfiguration, Performance Tuning, Request-Verarbeitung, Zeitformate, CGI-Umgebungsvariablen für Apache 1.3.12.

CGI, 2. Auflage

Martin Vorländer, 106 Seiten, 2003, 8,- €
ISBN 3-89721-244-7

Eine Referenz der CGI-Technologie sowie der bei CGI verbreitetsten Verfahren und Tools wie CGI.pm, mod_perl, SSI, Template-Systeme und Einbetten von Perl-Code.